매너리즘 탈출법

멈춘 나를 되살리는 6단계 회복 프로세스

매너리즘 탈출법

조정명 지음

진성북스
JINSUNGBOOKS

목차

Prologue 다시 시작하며   8

Chapter 1 본성

나, 그 알 수 없는 존재	16
역경에 강한 우리	23
무의식은 알고 있다	28
명리는 미신일까?	35
'습관'을 보면 '운명'도 짐작할 수 있다	41
매력은 누구에게도 통한다	47

Chapter II 습관

아비투스, 제 2의 본성   56
삶의 단계   61
성장은 습관을 통해서 형성된다   67
습관은 강하고 끈질기다   73
서두르지 마라   78

Chapter III 각성

자신이 무엇을 원하는지 깨달아라   86
확신이 없으면 시작하지 마라   94
지혜는 기초에서 나온다   100
자기 혁신을 시작하자   105
도전의 기술   111
누구나 후회할 때도 있다   117

Chapter IV 토대

넉넉하면 두려움이 작아진다   126

운도 영향을 준다   131

품격 있는 소비를 배워라   137

소통이 먼저다   143

커뮤니티를 확장하자   149

Chapter V 성장

남다른 개성을 잃지 마라   158

언어는 성장의 도구   163

최고의 미덕은 겸손   169

혼자일 때 나아갈 수 있다   175

배움을 즐겨라   181

모든 것은 때가 있다   187

축소도 전략이다   193

Chapter VI 균형

희망과 꿈은 이루어진다	202
힘들면 잠시 쉬자	207
튀어야만 할까?	212
책임 없는 나락으로	218
삶은 선택의 연속	224
숙성의 시절	230
인정하고 화해하자	236
삶의 균형 맞추기	242

Epilogue 책을 마치고 248

이 책을 쓰며 만난 책들 253

Prologue

다시 시작하며

마치 사람의 인생처럼, 나라의 국운에도 오르막과 내리막이 있는 법이다. 바로 얼마 전까지만 해도 일본, 대만을 앞지른 우리나라의 국내총생산^{GDP}은 3만 6,000불을 지나 4만불의 정상을 향하는 듯했다. 하지만 이제는 마이너스 성장을 감내하며 우리가 가야 할 길을 찾는 시기가 왔다. 불확실한 미래로 잠 못 이루는 오늘이지만, 어렵게 변해버린 환경에서도 우리의 성장은 멈출 수 없다. 아직도 우리가 가야 할 길은 멀다. 성장에 도약으로 이루어낸 지금을 포기할 수는 없다.

『주역』의 12괘는 부라 하여 '막힘'을 의미한다. 그동안 우리는 많은 성취와 성공을 맛보았다. 그러나 밝음이 다하면 어둠이 오는 것이 세상 이치이다. 이러한 부의 괘는 어둠의 시기라 하며 일마다 꼬이고, 연속적으로 불행스러운 일들이 닥친다. 힘든 고통을 감내하고 좋아할 사람은 아무도 없다. 이럴 때 우리는 매너리즘에 빠지거나 실망하며 멈추고 싶어 한다.

　하지만 이렇게 운이 막힐 때일수록 꾸준하고 성실한 자세, 절도 있는 생활 등의 바른 일상을 유지하면 결국 천명을 얻어 위기에서 벗어날 수 있다. 운이 막힌 시기일수록 대비가 더욱 중요하므로 준비를 계속해야 한다. 위기를 앞에 두고 어영부영 피하지 말고 힘차게 맞서야만 길하다. 마침내 이 단계가 지나면 운은 조금씩 길하게 바뀌기 시작한다.

　계속해오던 습관이나 방향을 바꾸지 않은 채 부의 기운을 벗어나기는 어렵다. 그러나. 더 멀리, 더 높이, 안락한 고지를 향한 노력을 멈추어서는 안 된다. 성장의 걸음은 멈출 수 없다.

익숙한 것들과의 결별은 곧 새로운 운명의 시작

역사학자 유발 하라리에 따르면, 호모사피엔스인 우리들은 약 20만 년 전 인지혁명을 거쳤으며, 약 1만 2천 년 전 농업혁명으로 진화되었다. 그 후 250년 전 산업혁명과 50여 년 전의 정보혁명을 거치면서 드디어 지금과 흡사한 사회구조와 생활 모습을 갖추게 되었다고 한다.

급진적인 과학 발달의 수혜로 우리의 생활은 풍족해지고 모든 분야에서 급격한 발전이 이루어졌다. 그 덕분에 오늘날 우리는 자유와 함께 풍요와 안락을 누린다. 그럼에도 불구하고 끊임없이 일어나는 불협화음은 금세 이 모든 것들이 신기루처럼 사라질 것 같은 불안과 두려움을 상기시킨다. 기술은 이제 경제적 도구가 되어 승자독식의 수단으로 확장되었고, 많은 사람이 공유해오던 삶의 질, 행복, 성장의 배분도 점차 극소수에게 집중되고 있는 현실을 맞이하고 있다.

성실과 노력이 성공을 담보했던 시대가 끝난 것 같은 불안감, 갈수록 깊어지는 계층·계급 간의 갈등, 이념으로 나뉘어 발생한 사회적 소란, 불안정한 국제정세 등의 현실에서 절실히 요구되는 것은 바로 새로운 성장이다.

세상에는 나의 의지와 상관없이 물려받은 어려움이나 가난, 고통도 있다. 하지만 대부분의 상황을 초래한 건 결국 '나 자신'이다. 지금까지 지나친 상황을 아무런 교훈 없이 반복하고 되풀이 하는 것 역시 나의 부족함에서 비롯된 것이다. 이는 결국 변하지 못한 나의 습관 때문이며, 뿌리 깊은 나의 성격, 성향, 기질 등에서 비롯된다. 이 모두는 미래를 향한 자기신뢰와 자기혁신에 대한 이율배반적인 태도이다.

그러므로 이 책에서는 우리 각각의 타고난 본성, 성향 등으로 알게 모르게 굳어진 습관과 성격 등을, 성장을 위한 준비와 각성으로 이어지는 토대, 그리고 내일의 성숙을 위한 삶의 균형을 이야기해 보고자 한다.

더 나은 내일을 위해 우리는 이곳저곳 몸과 마음이 헤매이는 시간을 줄여야 한다. 현실은 나의 '실행'과 새로운 '실천'을 기다리고 있다. 집중력의 향상으로 방향과 목표

설정, 그리고 도전을 위해 자신 내면의 솔직하고 진솔한 만남으로 과거를 회상하고, 실패의 교훈을 떠올려서 성장의 습관을 만들어야 한다.

변화의 용기를 가져라. 나 자신의 끊임없는 변화로 내면의 잠재력과 심연의 무의식 속에서 잠자고 있는 성장과 발전의 마중물을 퍼 올려 보자.

필자는 오랫동안 인문학을 배경으로 행정학, 인적자원, 심리학, 역사, 철학 등의 전문가들 학문적 배경 지식과 지혜를 모으기 위해 부단히 노력하였다. 회사경영과 코칭, 컨설팅의 경험을 바탕으로 함께 위로하고 공부하며 어려움에 봉착한 기업의 해결책을 찾으려고 애썼다. 이렇게 몇 번의 담금질을 거치며 단단해지고, 조금씩 나를 성장시키는 노력으로 시간을 보냈다. 고백하건대, 이 책을 집필하면서 부족한 나를 돌아보고 배우며, 성장하고자 하는 노력의 시간을 경험할 수 있었다.

이제 우리의 가치관과 삶의 목표를 점검하여 새로운 인생계획서를 준비할 때다. 미래를 준비하는 노력이 곧 성장의 도구로써 우리의 새로운 세상을 만들 것이다. 노벨문학상 수상자인 소설가 한강은 작품 『흰』에서 "우리는 앞으로 나아가야 한다. 특별히 우리가 용감해서도 아니라, 그것밖에 방법이 없기 때문이다. 초심을 잃으면 우리는 매너리즘에 빠질 수밖에 없다."고 하였다. 우리 역시 그처럼 나아가야 한다.

하나의 매듭을 짓고, 새로운 문을 여는 심정이다. 이 책이 독자들에게 작게나마 도움이 되었으면 하는 바람이다.

유수지위물야 불영과불행(流水之爲物也 不盈科不行)
-『맹자(孟子)』「진심장구상(盡心章句上)」24장-

흐르는 물은 웅덩이를 채우지 않고서는 앞으로 나아가지 않는 법이다.

Chapter 1
본성(本性)

나, 그 알 수 없는 존재

우리의 성장은 눈부셨다. 1950년 전쟁 후 우리는 초토화된 산천에서 한강의 기적으로 30~40년의 경제성장을 이룬 민족이다. 그러나 산업근대화의 강렬한 빛은 여기저기 어두운 그림자를 드리웠고, 마이너스 성장, 저출산, 노령화 등의 후유증은 미래의 희망에 우울을 더하고 있다.

그동안 한참을 앞만 보고 목표를 향해 달려왔다면, 이제 우리는 흘러가는 물속에 군데군데 파인 웅덩이를 채워야 한다. 파인 웅덩이를 메우지 않고서 물은 흘러갈 수 없는 법이다.

이렇게 우리의 성장은 결코 멈출 수 없다. 그러나 성장에는 앞서 과감한 혁신과 실행이 동반되어야 한다. 자신의 변화만이 실행으로 가는 길이고, 매너리즘에 빠지지 않고 성장을 이루어 낼 수 있는 유일한 방법이다.

여전히 알 수 없는 '나'라는 존재

돌이켜보면 우리는 힘든 산과 강을 건너 어렵게 여기까지 온 민족이다. 위기에는 뭉쳐서 지혜롭게 그 무엇을 만들어내며 힘든 고개를 넘어왔다. 우리의 자원은 오직 사람이었으며, 성장의 원동력 역시 사람이었다. 그리고 이제 다시 새로운 성장으로 힘든 산을 넘어서야 할 시기를 마주하고 있다.

우리 한 사람, 한 사람은 저마다 뛰어난 자질, 훌륭한 본성本性을 지니고 있다. 누구에게나 있는 본성本性은 '성질' 혹은 '성격'을 의미하며, 생물학적, 심리적, 철학적 등의 다양한 관점의 해석이 있다. 기본적으로는 DNA의 유전적 특성의 영향을 받는다고 알려진 우리 본성이지만, 도덕적, 이성적, 철학적 관점의 영향 역시 무시할 수는 없다. 초나라의 철학자였던 순자荀子

기원전 298는 "본성이란 하늘이 준 선천적, 자연적으로 타고난 것"이라 말한 바 있다.

우리는 다양한 교육과 훈련 등의 조건을 통해 스스로 변하고자 한다. 그러나 타고난 본성, 기질, 습관, 결, 성향 등은 어쩔 수 없이 나라는 존재를 다른 사람과 분별하여 다양한 삶의 행로를 결정짓는다.

영국의 일간지 「가디언」에서는 대한민국 국민의 성향과 기질을 소개한 바 있다. 그들은 우리의 본성을 두고 '지칠 줄 모르는 근면성, 집요함과 집착에 가까울 정도의 인내심과 끈기'를 지녔으며, '국가적 재난에는 하나로 뭉쳐 서로 돕는 공동체 의식'이 있다고 논평했다.

예로부터 우리는 연장자를 존중하고, 위계질서를 중시하며, 두 손으로 물건을 건네주는 등 사려 깊고 정중한 태도를 지녀왔다. 또한 우리는 모든 분야에서 발 빠른 적응력과 신속하고 혁신적인 업무처리로 세간을 통해 높이 평가되어 왔다. 그럼에도 불구하고, 오늘날 우리는 외모, 행동, 의견 등에서는 획일적 기준에 얽매이고 있으며, 치열한 경쟁으로 훌륭한 본성이 마모되어 가고 있다고 있다는 평을 받았다. 혹자는 '사촌이 땅을 사면 배가 아프다. 그러나 사촌이 정말 배가 아프면 먼저 달려 간다'고 우리의 기질을 풍자하기도 하지만 말이다.

타고난 기질, 성향, 결 등의 다양한 환경적 변화로 만들어진 본성은 오늘의 우리를 형성하는 것들이다. 습기와 부드러움으로 싹을 틔우는 봄, 열정과 개방성으로 표현되는 여름, 이성적 사고와 독립성의 건조함이 느껴지는 가을, 사유와 책임감의 상징인 추위의 겨울, 이런 계절적 특성처럼 우리의 기질도 반복해서 제각각의 특성으로 나타난다.

    심리검사에서 기질이라 할 수 있는 TCI$^{\text{Temperament and Character Inventory}}$검사 등이 있으나, 보편적으로, 우리 한민족의 기질은 부지런하며, 열정적이고, 다혈질적이고, '빨리빨리'의 성급한 기질을 여러 곳에서 나타내고 있다. 그럼에도 다양성을 지닌 우리를 단어 몇 글자로 규정지우기는 어렵고,

'나'라는 존재 역시 간단히 정의 내리기 힘든 게 사실이다.

개혁, 그리고 무두질

지금까지 우리 민족은 어떤 어려움도 굴하지 않고, 인내하며 항상 새로운 길을 모색하는, 성장에 대한 열정이 강한 성향을 보여 왔다. 그러나 이러한 기질도 환경과 교육 여건, 사회적 경쟁 등 여러 이유로 인해 다양해지고 또 변화하고 있다.

지난 시간은 결코 같은 형태로 다가오지 않는다. 지금 우리는 흐르는 물길 속에서 깊고 큰 웅덩이를 만나 멈칫 멈칫 맴돌며 앞으로 흐르지 못하고 있으니, 웅덩이를 채워야만 앞으로 나아갈 수 있다. 따라서 멈출 수 없는 길에서 우리는 새로운 성장을 위한 혁신의 길로 들어서야만 한다.

『주역』의 64괘 중 49괘 혁괘는 변화를 의미하는 괘로, 지금까지 해오던 모든 것을 무너뜨리고, 새롭게 바꾸어야 함을 말한다. 어제까지의 모든 것을 청산하고, 확신과 믿음으로 내일을 준비해야 한다.

혁'의 글자는 '피'와 같이 짐승의 가죽을 의미하는 글자이다. 가죽에 붙어 있는 털과 쓸모없는 기름은 빈틈없이 철저하게 발라내야 한다. 이러한 일련의 작업을 '무두질'이라 한다. 변화를 준비하는 자기혁신과 자기개혁은 무두질과 같이 철저하게 이루어져야 한다. 그래야만 비로소 쓸모 있는 새로운 가죽으로 탄생한다. 즉 혁'이 만들어지는 것이다.

사람 또한 마찬가지다. 변화의 어려움과 고통을 거쳐야만 쓸만한 인간이 된다. 잠자고 있는 무의식까지도 변화해야 실행의 길로 들어설 수 있다. 이런 어려운 과정이 혁신이나 개혁을 가능하게 한다.[1]

짧지만 강렬했던 산업화 속에서 우리는 수많은 업적을 이루어냈다. 그리고 이러한 숨 가쁜 발전과 성과는 세계를 놀라게 했고, 많은 변화를 초래했다. 하지만 몇 년 사이 이어진 침체로 우리는 우울 속에 빠지고, 사회의 암울한 변화로 인해 내일의 희망조차 혼란의 늪에 빠져 허

---

1 서대원 지음, 을유문화사, 『주역』, p 515

우적거리며 헤매고 있는 것 같다.

  이제 우리에게는 강력한 국민적 지혜가 요구된다. 지속가능하고 미래지향적 성장을 심각하게 고민해야 한다. 그렇게 만들어낸 희망과 목표는 흔들리는 멀미 속에서도 버틸 수 있는 것이어야 한다. 지금 우리는 새로운 개혁의 바람을 기다리고 있다.

역경에 강한 우리

우수한 지능지수(IQ), 감성지수(EQ), 교육수준을 가진 민족으로서, 우리는 누구보다 끈질긴 에너지를 통해 난관에 부딪쳐도 꺾이지 않는 모습을 보여주었다. 이러한 우리 민족의 지능지수와 감성지수가 우수하다는 사실은 이미 세계적으로 정평이 나있다. 게다가 우리 민족은 역경지수(AQ: Adversity Quotient)도 높다. '역경지수'는 영국의 커뮤니케이션 이론가 폴 스톨츠(Paul G. Stoltz)가 주장한 이론이다. 그의 이론에 따르면 역경지수란 힘든 상황에도 굴복하지 않고, 끝까지 도전하여 목표를 성취하는 능력으로, 자존감이 높을수록 역경지수도 높다고 알려져 있다.

역경, 그리고 눈치

스톨츠 박사는 높은 역경지수[AQ]를 지닌 사람의 특징을 다음의 세 가지로 분류했다. 첫째, 역경 속에서 실패할 경우에도 다른 사람을 비난하지 않는다. 둘째, 자신을 비난하지 않고, 실패도 자신의 초라함이라 여기지 않는다. 셋째, 직면한 문제는 얼마든지 헤쳐 나갈 수 있다고 믿는다.

역사 속에서 일찍 역경을 헤치고, 오늘날의 한국을 세계적인 강국으로 만든 우리는 잠재적 역경지수가 높다. 게다가 우리 민족은 눈치도 빠르다. '눈치[Nunchi]'라 함은 감성지능의 일종으로, 온갖 감각을 동원하여 다른 사람의 몸짓·언어·표정 등으로 생각과 느낌을 즉시 가늠해 분위기를 간파하는 재주이다. 그래서 우리는 "눈치가 좋다"고 하지 않고, "눈치가 빠르다"고 한다.

이처럼 우리나라에서 눈치란 '변화하는 사교 생활의 정보를 재빨리 처리하는 능력'이라고도 하며, 긍정적으로 보는 시각이 많다. 눈치를 통해 전후사정과 역할을 인식함으로써 보다 나은 사회생활로 이어질 수 있다고 생각하는 것이다. 물론 한국에서 지내본 외국인들은 "아니오"

라고 말하지 않고, 한국식 간접화법과 함께 분위기를 파악하며 눈치를 보는 것이 핵심적인 생존기술이라며 혼란스러울 때도 있다고 말하기도 한다.

이처럼 우리는 타고난 본성으로 성장을 이끌고, 어려운 역경을 슬기롭게 이겨내며, 잠재된 창조력으로 오늘의 우리나라를 새롭게 일으켜 세웠다. 얼마 전 외교정책과 영향력, 국방예산, 경제에 미치는 영향력, 지도자 등을 기준으로 워싱턴에서 발간되는 「US. News」에 의하면 세계 10대 강국의 순위에서 프랑스, 일본보다 앞선 세계 6위의 강대국에 올랐다고 한다. 불과 반세기만에 우리는 역경을 딛고 세계 10위권의 경제대국으로 우뚝 선 것이다.

역경에 맞서는 유연한 자세

그러나 우리가 이겨낸 역경이 오히려 독으로 작용하고 있는 경우도 있다. 끝없는 경쟁에 익숙해진 우리는 스스로를 불안으로 밀어 넣고 있다. 게다가 불확실한 미래는 우리를 두려움으로 빠뜨리고 있다. 부지불식간에 변하고 있는 취업 환경, 지금까지 해오던 지식과 직능은 AI, 챗GPT 등의 등장으로 새로운 국면을 맞이하고 있다. 정보 환경과 사회적 교류는 시간이 갈수록 활발하고, 다양해지지만, 긍정적인 미래에 대한 확신은 사회학자나 미래학자조차도 정확한 예측을 조심스러워하고 있다. 이제 무작정 타깃에 맞춘 예측보다는 변화에 맞추어 대응하는 방법이 중요한 시기다. 끝없는 정보, 빅 데이터에 맞추어 빠르게 진화된다는 AI조차 사람의 질문에 눈치를 봐가며 에둘러 대답하기까지 하고 있다. 간혹 이들의 답변은 애매모호함과 더불어 정확성이 떨어지기도 하니, 예측이 불가능한 시대로 변해가고 있음은 분명해 보인다.

『거대한 가속』을 쓴 스콧 갤러웨이 뉴욕대학교 스턴 경영대학원 교수는 '팬데믹은 우리 사회에 방향이 아닌 속도에 영향을 미쳤다'라고 말한 바 있다. 실제로 팬데믹으로 일상화된 비대면의 재택수업, 화상회의, 재택근무는 우리 삶에서 불필요한 근무시스템을 줄여주고, 업무에 속도를 더해주고 있다.

이제는 세계적 불안과 변화, 그리고 위기 속에서 계속

되는 어려움을 밖에서 찾아 헤매던 성장의 척도를, 내면의 성장의 기회로 인내하며 앞날에 대한 자신의 통찰력과 지혜를 키울 수 있도록 준비해야 한다. 그러므로 역경 속에서도 성장의 활로와 희망의 끈을 놓아서는 안 된다. 해뜨기 전 새벽이 가장 어둡다는 말처럼, 머지않아 내일의 해가 뜨고, 기대에 찬 내일이 다가올 것이다.

『주역』「계사전」 5장에서는 "궁즉변, 변즉통, 통즉구"라 하여 궁하면 변하고, 변하면 통하고, 통해야만 오래간다고 하였다. 지난 시간은 결코 같은 형태로 다가오지 않는다. 지금까지 길어오던 익숙하고 빠른 길이란 실은 어디에도 없는 환상과 같은 것이다.

계속되는 삶 속에서 멈출 수 없는 성장은 우리의 운명이다. 우리의 본성에는 오늘날의 대한민국을 만든 우리만의 뛰어난 잠재능력이 있다. 이를 믿고 역경 앞에서 당당히 변화하고 적응하자.

무의식은 알고 있다

성장의 열쇠를 쥐고 있는 것은 결국 사람이다. 알게 모르게 그 사람에 잠재된 성향, 습관, 결이 우리 내부에 숨겨진 재능을 표출시키며, 다른 사람과의 차별과 다름을 만든다.

미국의 사회심리학자 티모시 윌슨Timothy DeCamp Wilson은 "무의식이란 의식에 도달하지 못하지만, 그 사람의 판단과 감정, 그리고 행동에 영향을 미친다"라고 말했다. 이처럼 개인의 생각과 정신활동은 스스로 자각조차 할 수 없는 무의식의 작용이 약 95%이며 단 5%만이 의식작용이라고 한다. 따라서 사람을 아는 일은 '빙산의 일각'이라는 말처럼 흡사 눈에 보이는 얼음 외에 물속 깊이 잠들어 있는 빙산의 무게를 감지하는 것과 같다. 결과적으로 개인의 축적된 무의식은 그의 성향이나 기질, 습관을 겪어보지 않고는 알아차리기 어렵다. 이렇듯 사람을 알기란 쉬운 일이 아니다.

운명, 역학, 그리고 명리

우리는 흔히 풀리지 않는 그 무엇을 당하면 '운명이다', '팔자다'라며 체념 섞인 푸념을 하곤 한다. 그렇다면 운명이란 대체 무엇일까? 필자 역시 이런 경험, 저런 일을 겪어봤지만 이 질문 앞에서는 아직 어설프다.

생각과 말이 행동으로, 반복되는 행동이 습관을 만들고, 습관과 기질은 우리의 성격을 만들며, 이런 물리적 형태들이 결과적으로 운명을 자아내는 것은 아닐까? 그러나, 이것만으로 운명을 결론짓기는 너무나 미흡하다. 타고난 그 무엇의 작용은 분명히 있는 듯하다.

동양정치철학과 인간학의 권위자이며, 일본 양명학자로 전후 역대 일본수상들의 자문 이력을 지니고 있는 야스오카 마사히로^{安岡正篤 1898~1983}는 '운명을 바꿀 수 있다', '운은 쉼 없이 움직인다'라고 하며, 운명이란 바꿀 수 있다고 하였다.

일찍이 영국 역사학자 아놀드 토인비[Arnold Joseph Toynbee 1889-1975]는 제 2차 세계대전 이후 『역사의 연구』에서 역학을 새롭게 사회과학에 응용시켜, 동양의 역학[易學]을 〈cultural social dynamics〉으로 번역하여, '음양의 원리'가 역학이라 말하였다. 즉 '음양상대성이론'으로 창조의 세계, 조화의 세계는 음양과 서로 기다리는 힘에 의해 작용한다고 하였다.

그렇다면 대체 명리란 무엇일까? 천지만물이 변하는 궁극의 원리에 따라, 우리 인간도 자연의 법칙에 따라 춘하추동[春夏秋冬], 생노병사[生老病死]의 흐름을 거역할 수 없는 자연의 일부가 아닐까.

명리학이란 음양오행이 상생상극의 배속으로 작용하고, 음양[陰陽]이란 자연의 순환사상에서 균형과 조화를 유지하기 위한 동양의 주된 사상을 기본으로 하고 있다. 여기서 오행은 목, 화, 토, 금, 수의 상생과 상극의 원리로 사람의 길흉화복을 점치는 것이다.

사람의 몸과 마음은 수시로 변한다. 명리학에 따르면 음양오행의 변화의 법칙에 따라 바뀌고, 변화에 따라 환경도 바뀌고 결과적으로 운도 바뀐다. 이런 과정의 법칙을 의거하여 역학도 발달하게 되었다. 즉 에너지의 변화에 따라 운이 좋고, 나쁨으로 그 과정에 따라 타고난 관상도 조금씩 바뀐다는 것이다.

한편 우리나라는 산지가 많은 지형적 특성과 사후 장례문화가 매장으로 이어져 왔기 때문에 이러한 배경 속에서 '풍수지리'라는 전통 사상이 발달해 왔다. 풍수지리는 산과 물, 땅 등 자연의 기운이 지형과 방위에 따라 인간의 길흉화복에 영향을 미친다고 보는 관점이다. 이러한 풍수 사상은 좋은 터전을 '길지'로 여기며, 인간의 삶과 연결 짓는다. 특히 풍수는 중국, 홍콩, 일본 등 동아시아 지역에서도 널리 활용되며, 일부 대학에서는 이를 학문적으로 체계화하여 교육하기도 한다.

운은 결코 제자리에 머물지 않는다

누구나 운이 좋을 때도 있고, 나쁠 때도 있다. 운이란 제자리에 머물지 않고, 돌고 도는 흐름을 원칙으로 하고 있다. 누구에게나 상승기와 하강기가 있다. 상승기에는 준비된 운의 흐름으로 올라갈 준비를 하되, 하강기에는 위험에 미리 대비하여야 한다고 한다.

흔히 천지인이란 하늘의 시간, 즉 때를 아는 것을 천이라 하며, 주어졌거나 만들어진 환경과 공간에서 나를 아는 것으로 지라 하고, 인간관계에서 형성되는 인의 관계로 천지인의 세 가지 조합을 강조하고 있다. 대운이란 단순히 큰 운이 왔다는 것이 아닌, 운의 흐름을 말하는 10년씩 주기로 흘러가는 큰 흐름, 즉 운의 시스템을 말하는 것이다. 운이란 항상 흘러가는 것이므로 그 외에도 운을 가늠할 수 있는 여러 가지의 법칙이 있다. 10년 주기의 대운, 일년 주기의 세운, 하루의 운으로 일운이 있으며, 운이란 누구나 시간 따라 변함을 말하고 있다. 하지만 명리는 학자에 따른 해석도 다양하고, 해독서도 방대하여 접근하기 어렵다. 그러므로 다른 사람의 운명을 말한다는 것은 어렵고 또 조심스런 일이다.

그러나 분명한 것은 운명, 그리고 운의 흐름이 있다는 사실이다.

역학이란 자기의 분수를 아는 학문이다. 우리는 시간의 흐름으로 때를 알고, 공간의 느낌으로 나의 기운을 알고, 사람의 관계 속에 나의 운의 크기를 가늠할 수 있다.

다른 사람의 운명(運命)을 거론한다는 것은 조심스런 일이다. 사람에게는 숙명(宿命)과 운명이 있다. 보다 자세히 말하자면, 사람에게는 움직일 수 있는 운명(運命)과 움직이지 않는 숙명(宿命)이 있다. 운명이란 한자의 훈음(訓音) 그대로 움직이는 운(運)명이란 의미이고, 숙명(宿命)의 숙이란 머물 숙(宿)으로 움직이지 않는 절대적 작용을 의미한다. 운명은 내가 만들 수가 있고, 숙명이란 나의 의지와 상관없이 결정되는 나의 부모, 형제, 한국인, 남자, 여자 등의 나의 의지로 바꿀 수 없는 것들을 말한다.

나의 명을 알고 깊은 자기성찰로 사색과 반성으로 바

꿀 수 있는 것은 수정하고, 고칠 수 있는 점은 끊임없는 노력으로 타고난 운을 움직이게 만들 수 있다는 의미이다.

과거 『주역周易』은 단순한 점술서가 아닌, '사서삼경四書三經'의 '삼경' 중 '역경易經'이라 여겨지며 중시되었다. 게다가 오늘날 해외에서는 『The book of Changes』, 즉 '변화의 책'으로 번역되어 서양인들의 관심을 받고 있다.

그러므로 매너리즘에 빠지지 말고 언제나 높은 것을 지향하자. 이를 통해 우리는 더 높은 차원의 존재가 될 수 있다.

명리는 미신일까?

많은 이들이 알다시피 한의학은 오행을 하나의 뿌리로 인간의 몸과 정신을 연구하는 의학이다. 최근 한의학은 의학과 통합한 포괄적 의료접근법, 즉 '통합의학'으로 발전시켜 예방의학과 치료로 환자들의 삶의 질을 높이고 있다.

반면에 명리는 한의학과 같은 뿌리인 오행을 기반으로 함에도 불구하고, 아직까지 저잣거리의 잡설雜說, 미신 또는 주술로 치부를 받는 경향이 있다. 그러나 최근에는 무속도 K-Culture의 영향으로 인해 영화, 드라마, 우리의 전통적 음악 등이 재해석되어 감정의 치유와 재미를 주고 있으며, 동서양의 MZ세대의 새로운 관심사가 되고 있다.

뿌리 깊은 명리의 역사는 이론적 깊이와 체계적 내용

으로 인해 대중적으로 보급되기는 어려운 점이 많은 것이 사실이다. 하지만 살다 보면 인간의 지혜와 논리적 사고로는 풀지 못할 일이 많고, 밤잠을 설치며 고민하거나 생사가 달린 결정을 내려야 할 때도 있는 법이다.

명리란 무엇인가

세상살이의 경험치가 많아질수록 인간의 한계를 느끼는 것과 동시에 누구에게 말 못할 일들에 휩쓸릴 때가 생겨나는 법이다. 우리에게 일어나는 일들은 종종 종교의 힘으로 해결하기에도 아득하고 벅차다. 이럴 때 인간은 우리의 한계를 넘어서 알 수 없는 절대자가 만든 길흉의 운명바퀴에 관심을 갖게 된다.

명리는 사람의 태어난 생월생시^{生月生時}를 기초로 하여 천간^{天干}과 지지^{地支}로 나누어 운명을 점친다. 천간은 10개(갑을병정무기경신임계^{甲乙丙丁戊己庚辛壬癸}), 지지는 12개(인묘진사오미신유술해자축^{寅卯辰巳午未申酉戌亥子丑})의 조합이며 갑자^{甲子}에서 계해^{癸亥}에 이르기까지 60개의 조합으로 이루어져 있다. 오늘날에도 태어난 지 60년이 지난해를 환갑이라 부르는데, 과거에 종종 환갑 잔치를 보았던 기억이 있다.

이처럼 천간과 지지를 기본으로 하는 명리학은 인간의 삶에 관하여 다양한 해석과 분석이 가능하다. 그러나 같은 정보가 주어지더라도 해석서가 다양한 데다, 명리학자에 따라 해석의 차이가 다양하게 나타난다.

일반적으로 천간, 지지에서 자기가 태어난 날, 즉 '일주'를 본원으로 하는데, 일주는 자기 자신이기 때문에 명리는 일주를 중심으로 이루어져 있다.

오행은 상극하고 상생하는 성질이 있다. 상극하는 오행으로는 목극토, 토극수, 수극화, 화극금, 금극목이 있으며, 목생화, 화생토, 토생금, 금생수, 수생목의 오행은 자연의 순환에 의거하여 상생한다.

천간, 지지의 작용 역시 합의 작용으로 순환적 작용, 충, 파, 해의 역행적 작용이 있으며, 삼재라 부르며 3년이 어려운 해 역시 있다. 이러한 역학적인 명리의 해석은 우리 삶에서 언제나 경거망동을 삼가고, 힘들 때는 기다리며, 인내하면 운의 흐름은 변한다는 자연의 섭리이

자 교훈을 일러준다.

명리, 그리고 역사

MBTI는 (E, S, T, J, I, N, F, P) 8개의 속성으로 16개의 유형을 만들어, 성향을 짐작하게 하는 반면, 명리는 60개의 유형을 기초로 지장간, 신약, 신강, 신살, 대운 등의 더욱 구체적인 조합으로 인간의 길흉을 점친다.

예를 들어 과거 60년 전 1965년 을사년을 살펴보면 국민들에게 그리 편안 한해가 아니었음을 짐작할 수 있다. 1965년에는 한일협정을 맺고 그 몫으로 고속도로, 포항제철 등의 산업기반을 조성했지만, 그 이후 오늘날에도 여전히 위안부 문제, 문화재 반환 등의 잡음이 그치지 않고 있다. 또한 당시 국민들은 아들을 먼 타국 월남의 전쟁터로 보낸 뒤 마음 졸이며 걱정을 안고 지내야 했다.

한편 1905년 을사년은 을사늑약이 일어나 일본에서 합의도 없이, 강압적으로 우리에게서 주권을 빼앗아버린

뼈아픈 해이다. 그보다 더 거슬러 올라가 1545년 을사년은 문정왕후의 수렴청정에 의해 을사사화가 일어난 해로, 소윤(윤원형)과 대윤(윤임)의 충돌에서 소윤이 승리하여 대윤일파가 모조리 숙청되는 사화를 말한다.

이렇게 역사 속 을사년에는 마치 작금의 현실같이, 시끄럽고 을씨년스러운 일들이 마치 약속이나 한 듯이 연속적으로 일어났다. 이렇게 볼 때 지금 우리가 겪고 있는 현실은 운명의 거대한 흐름 속에서 반복되는 듯하다. 이런 흐름을 감지하기 위해서라도 우리는 우리의 역사를 돌아보고 공부를 해야 한다.

21세기 우리나라의 운세를 일컬어 '어변성룡(魚變成龍)'의 운세라 한다. 이는 '물고기가 용이 됨'을 의미하는 사자성어로, 중국 전설에 나오는 잉어가 용으로 변하는 이야기처럼 평범한 사람이 큰 노력으로 뛰어난 인물이 될 수 있다는 희망과 가능성을 내포하고 있다.

흔히들 명리에서 우리나라는 나무, 즉 목(木)의 기운으로 국운을 말한다고 한다. 지금의 운은 2025년 을사년을 시작으로 불의 기운이 시작되고 있다. 특히 2026년 병오(丙午)

년은 60갑자 중에 제일 강력한 양의 불의 기운이라 할 수 있다. 불의 기운이 강하면 분노, 표출의 강도가 높아지고, 숨어 있는 것들이 드러난다. 따라서 자연재해는 물론 사람의 분노, 노출 등도 불의 기운을 맞아 더욱 극성스러울 것임을 앞서 염려할 수 있다.

이토록 강력한 불의 기운에는 물의 기운이 필요한 법이다. 강한 불은 물로 다스리되 모든 것을 자제하고 숨을 죽이는 기간이 필요하다. 명리에 따르면 25년을 포함해 26년, 27년의 3년은 우리뿐만 아니라 세계적으로 심한 자연재해, 전쟁 등의 강한 소용돌이가 발생될 우려가 있다. 이는 학습의 기회가 되는 시기로, 인내와 반성을 토대로, 내일의 성장을 준비하며 자숙하는 시간을 갖는 것이 중요하다. 다가오는 내일을 위해서라도 새로운 준비의 때를 맞이할 각오가 필요하다.

'습관'을 보면 '운명'도 짐작할 수 있다

'처음에는 사람이 습관을 만들지만, 나중에는 습관이 사람을 만든다'라는 말이 있다. 인생을 바꾸고 싶으면 습관을 바꾸어야 한다. 즉, 성공을 위한 습관의 근력을 키워야 한다는 의미다.

누구나 의식, 무의식적으로 말과 행동을 통해 습관을 표출한다. 나쁜 습관을 가지고 있다면 장기적으로 볼 때 그 습관에 의해 나쁜 결과를 초래할 경우가 많고, 좋은 습관을 지닌 사람은 비록 늘 그렇다고 할 수는 없지만, 다른 사람보다 좋은 결과를 불려오는 경우가 많다.

꾸준히 좋은 습관을 만들어 성격으로 드러나는 무의식적 작용을 위해서는 오랫동안 끊임없는 노력이 필요하다. 습관이 될 때까지 '잠재력 잠복기'라 할 수 있는 정체기를 지나 몇 번의 의식적 훈련을 거듭해야 드디어 나의 습관으로 나타난다. 결코 노력은 헛되는 일이 없다. 다만 무엇이든 숙련이 될 때까지는 인내심이 필요하다.

뿌리 깊은 습관으로 결실을 맺는 운명

습관이나 성격만으로 운명을 결정지을 수는 없지만, 타고난 유전적 성향은 우리를 특정한 방향으로 끌고 간다. 이처럼 내면에 깊이 뿌리박혀 있는 선호도는 습관이나 성격으로 나타나 타고난 운명에 많은 영향을 준다.

자신에게 맞는 습관은 쌓는 과정이 수월한 데다 삶을 즐겁게 만든다. 하지만 너무 높은 결과만을 바라면 우선 실행이 어렵고, 자신의 습관으로 만들기 어려워짐에 따라 삶도 고달파지며 자연스레 운명도 꼬이게 된다. 예컨대, 쉽고 이로운 습관이란 하루 10분씩 책을 읽는 일과 같다. 꾸준한 독서는 생각의 폭을 넓히고, 감정의 결을 다듬으며, 결국에는 말과 행동의 품격까지 바꾸어 놓는다. 처음엔 작고 소소한 습관이지만, 시간이 흐를수록 그 습관은 그 사람의 판단력과 대화 능력, 그리고 선택의 방향에까지 영향을 미치며 삶 전체의 궤도를 조금씩 바꿔 나간다.

상당수의 뇌과학자가 말하듯이 반복되는 행동은 신경회로를 강화하고, 이는 곧 자동화된 성향이 되어 성격으로 굳어진다. 이 성격은 장기적으로 삶의 결정 앞에서 무의식적인 반응을 만들어내고, 그 반응은 결국 삶의 흐름, 즉 운명의 흐름을 좌우하게 된다. 사소해 보이는 습관 하나도 결코 가볍게 여겨선 안 된다.

실제로 유명한 기업가 워런 버핏은 청소년 시절부터 매일 신문을 읽고, 기업의 재무제표를 분석하는 습관을 들였다. 처음엔 단순한 호기심과 재미에서 시작했을지도 모르지만, 그 습관이 쌓여 결국 성격이 되었고, 그의 삶을 바꾸었다. 만약 그가 그 작은 습관을 만들지 못했다면 오늘날 '투자의 귀재'란 존재하지 않았을 것이다.

결국 우리는 스스로가 선택한 습관에 의해 만들어

진다. 하루하루 쌓이는 무의식적인 행동이 나를 형성하고, 그 행동이 굳어져 성격이 되며, 그 성격이 운명이라는 결실을 맺는다. 지금 이 순간, 어떤 씨앗을 뿌릴 것인지는 분명 우리의 몫이다.

운명을 바꾸는 습관 길들이기

습관을 기르는 것은 단순히 행동을 바꾸는 차원을 넘어서 나라는 인간 내면에 무언가의 뿌리를 내리는 일이다. 이때 중요한 것은 환경이다. 강한 의지를 강조하는 사람은 많지만 환경 없이 그들의 결심은 결코 오래가지 못한다. 매일 아침 조깅을 결심했다면 운동화를 문 앞에 꺼내두고, 잠자리에 들기 전에는 스트레칭을 해두는 식으로 행동의 시작점을 쉽게 만들어주자. 좋은 습관은 좋은 환경에서 자란다.

'작게 시작하기' 또한 중요하다. 완벽을 바라는 욕심은 좋은 습관의 적이다. 5분 독서, 한 줄 메모, 물 한 잔 마시기처럼 작고 쉬운 행동부터 시작해야 한다. 쉽고 작은 성공이 쌓이면 자신감과 성취감을 키운다. 그리고 이 성취감은 습관의 뿌리를 기르는 자양분이 된다.

습관은 혼자 생기지 않는다. 어떤 행동을 유도하는 자극을 통해 습관은 우리 내면에 자리 잡는다. 아침에 눈을 뜨면 침대 옆에 둔 노트를 펼쳐 하루 목표를 적는다거나, 식사 후 바로 칫솔을 잡는 일처럼 상황과 행동을 연결하면 습관을 기르기 쉬워진다.

반복이 쌓이면 습관이 되어 저항 없이 삶 속에 스며든다. 처음에는 의식적으로 해야 했던 행동이 어느 순간 자동적으로 실행될 때, 비로소 습관은 완성된다. 이때 중요한 것은 '의욕'이 아니라 '지속성'이다. '하고 싶은 날'보다 '하는 날'을 늘리자. 습관은 감정에 기대지 않는다.

기록하고 점검하는 일 또한 습관을 기르는 일에서 빼놓을 수 없다. 우리는 쉽게 자신이 한 행동을 잊는다. 하지만 이를 기록함으로써 삶에 어떤 변화가 쌓이고 있는지를 직접 알아챌 수 있다. 눈에 띄는 변화는 동기부여를 길러 습관이 더 깊게 뿌리내리게 된다.

습관은 하루아침에 운명을 바꾸지는 않는다. 하지만

오늘의 작은 선택만이 내일의 가능성을 결정짓는다. 좋은 습관을 길들이기 위해 늘 자신에게 친절하고, 일상에 민감하게 반응하자. 결국 운명이란 순간순간의 습관이 길어 올린 합이기 때문이다.

매력은 누구에게도 통한다

'사람을 사로잡아 끄는 힘'을 우리는 매력이라 부른다. 간혹 사람을 끌어당기는 재능을 타고난 사람도 있지만, 매력은 대부분 습관적으로 훈련되고 만들어진 것이다. 매력이 주는 끌어당김의 법칙을 알고 있는 사람은 관대함, 진실함, 아량, 공감능력, 남을 돕는 태도, 인생을 넓게 보는 시야, 낙관주의 등의 성품을 토대로 상대를 대한다.

만들어가는 매력에는 강한 힘이 있다

매력적인 사람은 타인의 인정을 받기 수월하고 다양한 삶의 출발선에서 우위에 서기 쉽다. 특히 매력을 통해 이성에게 호감을 주기 수월하다. 이처럼 우리 모두에게 필요한 매력은 나를 돋보이게 하고 자존감을 채워주기까지 한다.

따라서 매력을 지닌 사람은 사회 어디에서든 쉽게 환영받는다. 그렇지만 단순히 뛰어난 외모가 주는 이미지와 지성, 지능만으로 매력적인 사람이 되는 것은 아니다. 종종 우리는 지성적인 모습보다 사랑스런 모습으로 타인에게 더 환영받는 이를 마주하곤 하지 않은가. 관대하고, 쾌활하며, 친절하고, 아량이 있을 때 누구라도 내 옆으로 쉽게 다가올 수 있다. 그렇다면 어떻게 해야 매력적인 사람이 될 수 있을까?

완벽할 수 없는 우리는 먼저 스스로의 빈틈을 인정해야 한다. 매력의 요소는 무궁무진하다. '제 눈에 안경'이라는 말처럼 외모만으로는 모두의 선호도를 일일이 맞출 수 없거니와, 그렇게 얻은 매력의 생명력 또한 짧다. 그러므로 먼저 몸과 마음을 건강하게 만들어야 한다. 그럴 때 나오는 아우라에는 활력이 넘치며, 활력이 넘치는 이에게는 자연스레 신뢰감도 싹튼다. 타고난 매력이 부족하다면 만들고 가꾸어 가야만 한다. 매력은 누구에게나 필요하다. 나의 빈틈, 약점을 받아들이고 '나는 할 수 있다'는 자신감과 자존감이 충만할 때 아우라가 나타나며, 인격체로서도 인정받을 수 있다.

세월의 흔적도 때로는 매력의 중요한 요소가 될 수 있다. 나이든 중년의 멋에는 바른 자세와 중년의 저음, 넉넉해 보이는 표정, 단정한 모습 등에서 나타난다. 강한 신뢰감을 주며 여유롭고 중후한 중년의 멋에는 젊은이에게서 느낄 수 없는 그 무엇이 있다.

좋은 인상의 기술들

첫인상은 누구라도 무시할 수 없는 중요한 매력의 요소다. 따라서 우선은 상대방에게 가장 좋은 첫인상을 줄 수 있도록 신경 쓰자. 그와 동시에 나의 생각과 행동, 외모에 일관성을 유지하기 위해 노력해야 한다.

앞서 말한 것처럼, 타인에게 호감을 주기 위해서는 외모보다 인격을 우선해야 한다. 소통의 도구, 즉 말하기와 경청하는 태도, 적절한 추임새, 우아한 손동작 등의 몸짓과 좋은 목소리는 우리를 돋보이게 한다.

  대화에 있어서 너무 주도권을 잡으려고 해서는 안 된다. 의사표시는 분명히 하되, 한발 뒤에서 부드럽게 표현하는 법을 익히자. 말할 때는 낮게 천천히 말하고, 격양된 감정의 노출은 자제하자. 문어체의 딱딱한 표현보다는 분위기를 부드럽게 하는 구어체의 쉬운 말이 듣는 사람의 입장에서는 편하다. 미사여구보다는 상대에게 맞는 적절한 단어를 선택하며, 괜한 질문으로 말하는 이의 흐름을 끊는 대신, 비록 대화의 내용이 나의 견해와 다른 점이 있더라도 기다렸다가 대화의 종결 지점이 가까이 올 때 부드럽게 전달하자. 격양된 어조의 질문은 상대방을 주눅 들게 하거니와 말하는 이에 대한 예의도 아니다. 그런 처세를 하는 이의 의견은 그 누구도 인정하지 않으며, 오히려 불편하게 여긴다.

  나이에 상관없이 단정하고 우아한 차림새는 환영을 받는다. 우리는 종종 종합병원이나 지하철 안, 사람이 많이 모이는 공공상소에서 큰소리로 대화하거나 질문하는 이를 만나 눈살을 찌푸리곤 한다. 거리가 멀다면 가까이 가서 작은 소리로 질문하고, 언제라도 웃음기 머금은 표정을 짓자. 누구에게나 반말하는 태도는 젊은 사람에게도 결례가 된다.

품격을 높이고 매력적인 평가를 원한다면 누구라도 다가오기 수월한 소탈한 모습을 유지하는 것이 좋다. 소탈해 보이는 기술은 크게 세 가지가 있다. 첫째, 겸손하고 조용한 넉넉함을 중시한다. 과시하는 모습은 다른 사람보기도 거슬리고, 오히려 가벼워 보인다. 둘째, 눈에 띄지 않는 소비를 지향한다. 셋째, 애써 과시하지 않는 표현들로 품격을 나타낸다.

한편, 복장이나 외모는 시대를 막론하고, 사회이 준거기준으로 나타난다. TPO$^{Time, Place, Ocation}$에 맞는 적절한 복장으로, 타인에게 거부감을 주지 않고, 편안한 인상을 주며, 역할에 적합한 외향이 바람직하다. 만약 드레스 코드를 요구하는 모임에 참석한다면 따르는 것이 좋다.

많은 사람이 모인 자리에서는 괜히 앞장서려고 하지 말고 조용히 순서를 기다리되, 불편해 보이는 사람에게는 기꺼이 양보하자. 이러한 미덕은 스스로를 돋보이게 한다.

    타고난 본성에 끊임없는 노력을 더하면 보다 더 깊고 진중한 매력을 기를 수 있다. 다양한 매력을 기르고 올바르게 행동하면 더욱 다양한 기회를 마주할 수 있다.

불위호성(弗爲胡成)

-『서경(書經)』「태갑편(太甲篇)」-

행동하지 않으면 어찌 이룰 수 있겠느냐?

Chapter II
습관(習慣)

아비투스, 제2의 본성

아비투스Habitus는 20세기를 대표하는 프랑스의 사회학자 피에르 부르디외Pierre Bourdieu가 주창한 개념으로, '지속 가능하고, 변환 가능한durable, transposable' 일종의 버릇이자 축적된 습관이다. 아비투스는 사회적·집단적 관습의 의미로 규정된 용어로써, 목표 달성에 필요한 작동의 습득, 표현, 실천을 돕는다.

아비투스는 마치 우리의 성향, 결, 습관과도 같이 오랫동안 내재된 생각이나 행동으로 표출하여 자신의 목적 달성을 위하여 나타내는 표현이지만, 한편으로는 실천과도 많이 닮아 있다. 부르디외는 1970년대 자신이 속한 프랑스 사회에서 계층, 계급의 불평등과 차별된 인식들로 규범과 도덕, 사회질서 등이 크게 흔들리고 있으며, 나아지지 않는 가치의 전수나 재생산되는 부조리를 사회적 아비투스로 규정지었다. 또한 그는 경제적 불평등 역시 경제적 아비투스와 문화적 아비투스로 나누어 규정지었다.

우리들의 아비투스란?

부르디외는 사회학자로서 마르크스의 사회학의 이론적 오류를 수정하고, 자신의 경험과 그 당시 시대적 차별 현상들을 정리한 아비투스의 개념을 발표하였으며, 이는 70여 년이 지난 지금도 여전히 적용되고 있다. 하지만 부르디외가 아비투스의 개념을 발표한 프랑스는 우리나라와 토양적, 선험적으로 다르고, 우리의 뿌리 깊은 전통과 문화 역시 유럽의 아비투스와 차이가 크다. 게다가 부르디외가 아비투스 개념을 발표한 1970년대는 오늘날의 환경과 비교가 불가능하다. 특히 우리나라는 30~40년 동안 엄청난 변화를 겪고, 가치관의 차이와 교육수준의 변화, 환경 변화로 우리의 아비투스 역시 많이 달라졌다.

우리의 근대사는 그야말로 역동의 시기였다. 빠른 산

업화로 성장의 문턱에 올라서고, 높은 교육열로 국민의 수준도 눈부신 향상을 맛보았다. 그러나 변한 환경만큼 우리의 틈새는 벌어졌고, 이념으로 갈라졌으며 차별과 매너리즘이 만연해진 현실로 인해 고통받고 있다.

한편, 독일과 영국, 프랑스 등의 서유럽 국가들은 영국을 선두로 18세기 산업혁명을 시작하여, 산업화와 민주주의의 선두 대열에 오른 나라들이다. 일찍 부를 소유한 그들은 세계를 주도했고, 문화를 꽃피우며 국가적 아비투스를 형성했다. 그러나 최근 들어 우리는 그들을 강대국의 이미지로 지금까지 받아들였던 기존의 생각에 괴리가 있음을 인지하게 되었다.

최근 IT 강국으로 급성장한 우리나라는 K-컬처로 대표되는 문화강국으로 부상하는 등 문화적 아비투스로 세계적 각광을 받으며, 여러 산업에서 수혜를 받고 있다. 그러나 오늘날에도 피에르 부르디외의 아비투스 개념에 주목해야 하는 이유는 환경과 시대적 배경, 교육수준, 과학의 발달 등의 변화에도 인간의 천성적 본성과 성향과 습관, 취향이 크게 달라지지 않고 있기 때문이다.

새로운 아비투스의 근육을 만들자

불안한 세계정세, 경제변동, 기후변화 등의 문제뿐만 아니라 한 치 앞을 내다볼 수 없는 국내 정세로 인해, 불확실성에 기인한 대한민국의 위협은 우리가 지금껏 쌓아온 아비투스로 감당하기 어려운 수준이 되었다. 우리의 경제는 3고(고물가, 고환율, 고금리)의 시대에 접하게 되고, 자국보호책이 강한 트럼프 대통령의 재당선으로, 어려움을 회복하기 쉽지 않은 현실에 직면하였다. 사회적으로도 100세 시대라는 노령화의 가속화, 은퇴자의 증가, 결혼·출산 기피 등은 더불어 힘들어 지고 있는 현실을 예고하고 있다. 이렇게 우리의 성장은 멈추어버리는 것은 아닌가? 라며 불안한 마음을 지우기 어렵다.

저출산, 고령화, 연금고갈, 자살 1위 등의 불안요인은 젊은 세대의 어깨를 무겁게 하고 있다. 힘든 취업의 길에서 서성이는 그들에게는 안타깝다는 위로가 허황되고 민망할 뿐이다. 그러나 좌절하고 주저앉아 버리는 순간 모든 것은 희망의 빛을 잃고 절망만이 우리를 가득 채울 것이다. 역경에 강한 우리는 모든 잠재력을 끌어내어 제2

의 '한강의 기적'을 만들어야 한다. 우리는 성장의 의지를 멈출 수 없다.

끝을 모르고 빠른 속도로 변화하는 사회는 아비투스의 새롭고 강한 근력을 요구하고 있다. 우리는 이제 저마다 새로운 아비투스의 근력을 보충시켜야 한다. 물론 쉬운 일은 아니다. 아비투스의 근력은 우리 몸의 근육같이 쉽게 생기지도 않고, 잠시라도 방심하면 약해진 근육은 금세 사라지고 만다. 하지만 희망과 목표의 계속되는 흔들림으로 멀미를 앓고 있는 현실 속에서도 성장을 갈망하는 우리의 준비는 먼저 자신의 한계, 습관의 각성으로 튼튼한 토대를 구축해야 한다. 이제 신선한 아비투스의 새바람이 필요한 때다.

삶의 단계

우리는 평균수명의 연장으로 빠르게 고령화 사회로 진입한 데다 저출산, 노동력 부족 등의 심각한 사회적 문제로 인해 큰 부담을 안고 있다. 이제 '100세 시대'는 더 이상 생소하거나 의아한 단어가 아니다.

런던경영대학교의 교수인 앤드류 스콧은 '100세 인생에서 여유롭게 살려면 80세까지 일해야만 한다'라고 말한 바 있다. 우리 사회에서 다수를 차지하는 2차 베이비부머(1964~1974년생) 세대의 약 954만 명이 2025년을 기점으로 법정은퇴(60세)에 진입한다. 이들은 이제 각자의 새로운 삶의 구조를 담은 인생지도를 그려야 할 때를 맞이한 것이다.

배우고 일하고 휴식하고 다시 배우고

『100세 인생』을 쓴 인재 조직론의 세계적 권위자이자 런던경영대학원 교수인 린다 그래튼은 '교육 - 일 - 은퇴'의 3단계 모델은 이제 막을 내리고, 삶이 다단계로 펼쳐질 것이라 예측하였다. 그는 "100세 시대에는 나이와 상관없이 적절한 시점에서 재충전, 재교육이 항상 중요하다"고 말했다. 은퇴, 퇴직을 앞둔 5060세대의 경험과 능숙한 직능도 이제 100세 세대를 맞이해 새로운 배움의 준비가 필요한 시점이 온 것이다.

오랜 기간 일을 해야 한다는 숙명은 우리에게 반복하여 이어나가야만 하는 일상으로써 다가오고 있다. 이제 우리는 주어진 환경에 맞추어 '교육 - 일 - 휴식'의 3단계의 일상을 반복하여 적절한 선택을 해야만 하는 시대를 맞이한 셈이다.

다행스럽게도 오늘날 건강한 중년 세대는 과거와 달리 활발한 활동이 가능하며, 기술능력이나 사고력 역시 젊은이와 큰 차이가 나타나지 않고 있다. 은퇴·퇴직자들 역시 개인의 사회적 자본인 경험과 경력을 토대로 다양한 네트워크 구축과 변화와 이동의 창출을 수월하게 할 수 있게 되었다.

같은 능력이 있다 하더라도 은퇴·퇴직을 오랜 기간 준비한 사람과 어영부영 갑자기 닥친 현실을 대하는 이가 느끼는 차이는 크다. 물론 직장생활을 잘 마무리 지은 사람이라 해도 은퇴 증후군이 없는 것은 아니다. 그들 역시 직장 밖의 낯선 환경에 공허와 우울 등으로 크게 흔들릴 수 있고, 자아의 흔들림은 전에 느낄 수 없던 감정의 변화를 만들어내 큰 고통을 줄 수 있다.

인생의 단맛, 쓴맛을 경험해 온 기성세대는 그 단맛을 얻기 위해 치러야 할 몫이 어느 정도인지 가늠하고 있는 세대이다. 그러나 지천명의 세대를 넘겼다고는 하지만, 끊임없이 흔들리며 살아가는 우리들의 고달픔에는 세월의 의미만큼 강한 의지가 깃들기 힘든 것도 사실이다. 익숙했던 출퇴근 시간, 손에 익은 직능들이 적용되지 않는 새 직장에서의 현실을 받아들이는 일은 누구나 어렵다. 하지만 과거를 그리워하기 보다는 냉정한 현실을 직시해야 한다. 준비 없는 은퇴는 몹시 위험하다. 격세지감으로 변한 직업

전선 앞에서 더는 지난 과거를 그리워할 여유가 없다.

일의 굴레를 받아들일 때

OECD의 은퇴자 평균 연령은 64.5세로 유럽의 공적연금의 경우 룩셈부르크는 76.6%, 스페인은 73.9%, 등의 넉넉한 노후자금을 받는 반면, 한국은 31.2%의 연금으로 흔히 100세 세대로 늘어난 은퇴 후 생활은 보장받을 수가 없다.

그 결과, 오늘날 65세~69세 은퇴자 50% 이상이 일을 놓지 않고, 취업으로 경제활동을 하고 있다고 한다. 그들이 지고 있는 가장의 무게는 여전히, 그리고 생각보다 더 무겁다. 흔히 '마차세대(부모를 부양하고, 자녀에게는 부양받을 수 없는 세대)'라 불리는 5060세대의 '신노년'은 '한강의 기적'을 이루는 역군이었지만, 현실 속에서는 역군의 대접을 받지 못하고, 오히려 부모공양, 자녀부양에 힘들어하는 경우가 대부분이다.

하지만 일이 반드시 고통만을 수반하지는 않는다. 일하는 습관으로 하루하루의 삶에 매진하면서 자아실현이 일어나고, 이는 인격형성으로 발전한다. 일로써 인내와 성실과 집중력을 연마하고, 그 속에서 성장하고 성숙된 자아를 발견할 수 있다. 일을 통해 곧 성장을 표출할 수도 있는 것이다.

100세로 늘어난 수명 앞에서 중년에게는 지금까지 살아온 세월만큼 버텨야 하는 삶이 남아 있다. 물론 여전히 자녀의 양육문제, 부모의 부양문제는 준비가 부족하고, 본인의 건강이나, 여가시간의 활동에 준비된 사람이 흔하지 않다. 성실하게 일에만 몸 바친 남자들은 은퇴 후 자기 위치를 찾지 못하고, 돌아온 방랑자 같이 집에서도 우왕좌왕 서성거리고 있다.

옛말에 "부모는 열 자식을 키워도, 열 자식은 한 부모를 모시지 못 한다"는 말이 있다. 이를 부정적으로만 바라본다면 변화는 일어나지 않는다. 이제는 각자도생의 변화를 가져야 한다.

삶의 단계도 변화를 맞고, 몇 번의 취업을 반복하며, 오래 일할 수 있는 자기의 직능이나 기술을 위해 항상 배움의 문턱을 넘나들어야 하는 세상이다. 직업 앞에서 남녀구별의 차이는 무너졌고, 가사, 육아에서도 남녀의 차이가 없어진 지 오래이다. 이제 '교육 – 일 – 은퇴'의 인적자원 3단계는 '교육 – 일 – 휴식'의 다단계로 변화하여 지속되는 루틴으로서 자리매김 되어야 할 것 같다.

성장은 습관을 통해서 형성된다

누구에게나 '작심삼일'의 뼈아픈 기억 한둘쯤은 있을 것이다. 새해가 시작되면 우리는 크고 작은 목표를 정해 습관적으로 올해의 결심을 새겨보고는 한다. 그런데 이 같은 습관은 기록상으로는 약 4000년 전 바빌로니아인들에게도 있었다고 한다. 그들이 한 새해의 약속이 최초의 기록으로 남아있다.

바빌로니아에서는 새해 3월경에 농산물 재배를 축하하고, 새로운 왕의 즉위와 그 왕에 대한 충성을 다짐했다고 한다. 한편 로마인들은 신 야누스에게 해마다 희생과 약속을 맹세했던 습관이 있었다고 전해진다.

우리는 새해가 되면 습관적으로 올해 이루고픈 일들

을 정하고는 한다. 하지만 그해 연말에 그 많았던 약속이 과연 얼마나 지켜졌을까?

영국 와튼 스쿨의 케이티 밀크맨 교수는 사람들은 반복하는 재설정의 각오도 언젠가는 효과를 누릴 수 있다고 말한다. 어떤 어려움에 처하더라도 향상 새로운 출발을 목표로 꾸준히 실행만 할 수 있다면 목표를 이룰 수 있다는 것이다.

마음먹고 시작한 습관들은 미미한 차이를 보이다가, 몇 달, 몇 년이 지나면 복리로 작용한다. 약속했던 습관들은 무의식에 잠재되어 우리의 습관에 영향을 준다. 우리의 습관이 하루아침에 저장된 게 아니듯이, 하루아침에 이들이 바뀌거나 사라지지도 않는 것이다.

습관의 숙성 기간

매년 한해의 뿌리 깊은 사회적 문제들을 반성하고 수정하려는 듯 '올해의 사자성어'가 발표되곤 한다. 2024년의 경우에는 '도량발호(跳梁跋扈)'였는데, 이는 '권력자들이 자신이 권력의 원천인 것처럼 행동을 하고 있다'는 뜻이다. 도량은 『장자』의 「소요유」 편에서 '거리낌 없이 제멋대로 날뛰는 것'을, 발호는 『후한서』의 「양통열전」에 등장하는 간신이자 권신인 양기를 비난하며 부르는 말을 결합해서 나온 말이다.

한편 23년 '올해의 사자성어'였던 '견리망의'는 『논어』 「헌문편」에 나오는 말로 '이익을 쫓아 의로움을 버린다'라는 뜻이다.

오늘날에는 개인의 이기심으로 의로움이나 약속보다 이익을 쫓는 경우가 허다하며, 심지어 투표로 뽑아준 많은 이들이 한 국민과의 약속은 아예 없었던 일들이 되고, 이들은 저마다의 이익에 따라 부나비의 행태를 서슴지 않는다. 이런 모습들은 내일을 향해 나가는 우리에게는 반복되는 걸림돌이 되어, 향상 제자리에 맴돌 수밖에 없는 관념이 될 수도 있다.

습관의 양상과 목표는 개인마다 다르다. 따라서 먼저, 구체적이고 실행 가능한 목표를 세워야 한다. 포기를 하지 않기 위해서는 자주 성취감을 느낄 수 있어야 하기 때문이다. 스스로 실망하지 않으려면 되도록 쉽고 작은 일부터 시작하자. 좋은 습관을 기르기 위해서는 숙련의 기간과 인내심이 필요하다.

자기계발 연구가이자 만화가인 스콧 애덤스$^{\text{Scott Adams}}$는 "목표는 우리가 얻어내고자 하는 결과이고, 시스템은 그 결과를 이끄는 과정이다"라 하였다. 습관의 변화를 위해서는 먼저 시스템을 구축해야 된다. 개인의 능력, 늘 해오던 습관의 방식에서 작은 변화를 만들어야 한다. 성공한 사람이나 실패한 사람이나 목표는 같을 수 있다. 다만 지속적인 시스템 분석과 과정의 변화들이 승자와 패자의 차이를 만들어 낸다.

작은 습관의 시작

미국 정치가이자 사상가 벤저민 프랭클린은 실용주의 철학을 바탕으로 미국 독립에 영웅의 초석을 다진 인물로, 독학을 통해 많은 업적을 남겼다. 그는 본인이 정한 절제, 침묵, 질서, 결단, 검약, 근면, 진실함, 정의, 온건함, 청결함, 침착함, 순결 그리고 겸손함의 13가지 덕목을 평생의 습관으로 만들려고 노력했다. 그는 "배부르도록 먹지마라", "쓸데없는 말은 피하라", "결심한 것은 꼭 이행하라", "말과 행동이 일치하게 하라" 등의 구체적 실천사항으로 습관적 행동강령을 만들어 지키려고 노력했다. 원하는 결과는 매일의 습관을 통해 이루어지는 법이다.

잘 길러진 습관은 곧 내가 어떤 사람인지를 다른 사람에게 표출시키는 수단이 된다. 심지어 이렇게 시작된 '습관', 또는 '버릇'은 시간이 지나 숙성되어 '사회적 관습'이 되기도 한다. 삶 속에서 지속 가능한 습관은 우리의 성장과 직결된다. 게다가 때로는 그 사람의 습관을 통해 그의 성격, 운명을 짐작할 수도 있다.

요즈음 유행하는 리추얼 라이프 Ritual Life 는 '일상에 활력을 불어넣는 규칙적 습관'을 의미한다. 누구나 쉽게 시도할 수 있는 이 습관은 실천을 통해 자아성취감을 느낄 수 있는 하나의 방법이다. 무력감을 극복하고, 심리적 만족, 성취감을 얻기 위해 개인의 존재나 문화존중, 취향 등을 매일 스스로 실행해 보자.

독서하기, 운동하기, 하루 물 2L 섭취하기, 하루 1만 보 걷기, 자기 전 5분 명상하기 등의 소소한 생활습관을 의도적으로 반복하면 이는 곧 습관이 된다. 의식적인 반복으로 심리적 만족감과 작은 성취감은 성장의 길로 나아갈 수 있게 돕는다.

습관은 강하고 끈질기다

개인이 쌓아온 습관은 대부분 후천적으로 만들어진 것이다. 예를 들어 누군가 강의실 뒷문으로 들어가 왼쪽 뒤에서 세 번째 자리에 앉는다. 몇 번 앉기 시작하면 누군가가 그 자리를 차지하지 않는 이상 그 사람은 항상 그 자리에 앉게 된다. 그러다 보면 어느 새 그 자리는 '그 사람의 자리'라는 인상이 굳어진다. 출퇴근 지하철을 이용할 때도 특정 자리에서 기다리는 등의 습관과 버릇은 흔한 일이다. 처음에는 사람이 습관을 만들지만, 나중에는 습관이 사람을 만든다.

우리는 초심자의 결기를 잃어서는 안 된다. 조금만 한눈을 팔면 나태와 망각의 습관이 슬그머니 고개를 든다.

인생을 바꾸고 싶으면 습관을 바꿔야 한다. 칼 융은 "무의식이 정하는 것이 삶의 방향이다"라며 내면에 잠자고 있는 무의식은 심연의 골짜기로 습관을 각인시키고 있다고 한다. 성공의 시작은 매일매일 이루어진 습관을 기르는 일부터 시작해야 한다.

'타고남'이 습관에 미치는 영향

내과 의사 거버 메이트Gabor Mate는 "유전자는 어떤 성향을 가질 수 있게 만들기는 하지만, 미리 결정하지 않는다"라는 말을 남겼다. 이처럼 유전적으로 성향이 맞는 분야에서는 습관을 쉽게 기를 수 있다. 모든 습관에는 그 기저에 유전자가 작동하고 있는 셈이다. 명리학에서도 유전적 성향과 같이 지지의 사고, 즉 진술축미를 일주에 지닌 사람은 인내심과 극기의 힘이 강하다고 평가한다. 그들은 한번 결정하면 다른 사람에 비해 꾸준하게 지키는 성향이 강하나, 대신에 고집이 세다.

한편, 가족의 환경적 습관 역시 비슷한 행동으로 나타

난다. 습관은 행동 하나만으로 결정되지는 않지만, 타고난 유전자가 우리 습관에 많은 영향을 주며 특정한 방향으로 몰고 간다는 사실을 부정하기는 어렵다. 즉, 내 안에 뿌리 깊이 박힌 선호도에 따라 어떤 행동을 남보다 더 쉽게 할 수 있다는 것이다. 따라서 우리는 자신의 성격에 부합되는 습관들을 정해야 한다.

자신의 역량과 성향에 적합한 일을 할 때 동기가 극대화되며, 지속 가능한 상태가 된다. 그렇다면 자신의 열정으로 빠른 성과를 낼 수 있는 곳은 어디이며, 어떻게 해야 좋은 습관을 잃지 않고 하던 일을 계속해서 할 수 있을까? 이 질문의 대한 답은 먼저 자신의 성격과 성향을 이해하는 데서 출발해야 한다.

베스트셀러 『생각의 시크릿』의 저자 밥 프록터는 "성공을 이룬 사람은 특별한 능력이 아니라, 하나의 습관에서 시작된다. 해야 할 일을 올바른 순서로 했다는 공통점이 있다"라고 하였다. 정해진 한계를 벗어나는 생각만으로도 우리는 습관의 변화를 줄 수 있다.

성공의 가장 큰 위협은 '실패'가 아닌 '지루함'

성공을 이룬 사람의 재능을 믿고 칭송하며 우상화하기는 참으로 쉽다. 하지만 그들이 지치지 않는 열정으로 습관을 만들기까지의 지루함을 즐겼으리라 여기는 것은 지나친 추측에 가깝다. 성공을 이룬 이들 역시도 습관의 단단한 근육이 완성될 때까지는 인내하며 지루함을 견디어 냈기 때문이다. 이처럼 뼈를 깎는 노력으로 습관을 숙련되도록 바꾸지 않고는 삶과 운명을 바꿀 수 없다.

좋은 습관이 숙련되면 계속해서 조정이 가능하며, 새로운 다음 단계의 습관으로 발전시킬 수 있게 된다. 이렇게 좋은 습관의 근육도 함께 자란다. 따라서 좋은 습관을 만들기 위해서는 우선 나쁜 습관 버리기를 시도해야 한다.

부르디외는 아비투스, 즉 습관이란 의식적, 무의식적 행동이 행위자의 몸에 축적된 것으로, 적합한 환경이나 조건이 나타날 때 의식이나 의지에 상관없이 자발적으로 나타난다고 하였다. 일종의 버릇처럼 알게 모르게 내재된 우리 몸의 기억으로 동일한 환경에서 무의식으로 작동을 한다는 말이다.

우리 속담에도 '세 살 버릇 여든까지 간다'라는 말이 있다. 이처럼 습관은 우리가 습관을 배신하려 해도 쉽게 우리를 배신하지 않는다. 결과적으로 우리가 길러내야 할 것은 단순한 반복이 아니라 의식과 무의식을 아우르는 '몸과 마음에 새겨진 기억'이다. 처음에는 의지로 시작되지만, 반복과 훈련을 통해 그것은 점점 자동화되고, 결국 우리를 밀어주는 힘이 된다. 이때부터 습관은 더 이상 의지를 요구하지 않게 된다. 우리 삶의 기반으로, 선택이 아닌 기본 값으로 자리 잡게 되는 것이다.

습관은 결코 우리를 배신하지 않는다. 다만 우리가 그것을 끝까지 지켜낼 수 있을지를 시험할 뿐이다. 오늘 시작한 단 하나의 좋은 습관이 당신을 전혀 다른 삶의 지점으로 이끌지도 모른다. 지금 이 순간, 지루함을 견뎌내고 그 첫걸음을 시작해 보자.

서두르지 마라

우리는 그 어느 때보다도 빠르게 달리는 시대에 살고 있다. 모두들 성과를 조급히 바라보고, 비교 속에서 앞서기 위해 안간힘을 쓰며 살아간다. 그러나 서두름은 결과적으로 습관의 뿌리를 얕게 만든다. 이러한 조급함 속에서 생긴 변화는 오래가지 못하고, 금세 본래의 자리로 되돌아간다.

좋은 습관일수록 느리게 자라는 법이다. 단단한 나무가 오랜 시간 땅속에서 뿌리를 내리듯, 삶을 변화시키는 습관의 씨앗은 내면 깊숙한 곳에서부터 움터야 한다. 씨앗에 싹이 틀 때처럼, 습관의 시작은 처음에는 미세하고 눈에 띄지 않는다. 하지만 그 미묘한 차이가 삶의 방향을 바꾼다. 무엇보다 중요한 건 속도가 아니라, 끊임없는 지속이다.

욜로(You Only Live Once)에서 요노(You Only Need One)로

'욜로You Only Live Once'라는 말이 한때 우리 삶의 구호처럼 자리 잡았던 때가 있다. '단 한 번뿐인 인생, 그러니 지금 당장 하고 싶은 걸 하자'는 외침은 참으로 달콤했다. 하지만 이 외침은 곧 순간의 충동과 만족에 집중하는 삶을 서두르게 부추기며, 빠른 선택과 빠른 소비, 빠른 관계를 만들어냈다.

그리고 이 빠름은 곧 피로로 이어졌다. 지나치게 가속화된 선택은 개개인의 판단을 흐리고, 끝없는 경험은 삶의 밀도를 옅게 만들었다. 그래서 등장한 개념이 바로 '요노 You Only Need One'다. 요노란 많음보다 깊이를, 속도보다 지속을 중시하는 일련의 흐름이다.

'요노'는 선택을 줄이고 핵심에 집중한다. 이는 단순한 소비의 흐름을 벗어나 습관을 바라보는 태도의 변화이기도 하다. 하나도 끝까지 지속하지 못하는 사람보다는 단 하나라도 꾸준히 이어가는 사람이 결국 자기 삶을 주도한다.

요노의 정신은 습관을 기를 때도 중요하다. 빠른 다이어트를 위해 식단, 운동, 수면을 한꺼번에 바꾸면 실패하기 쉽다. 하지만 하루 한 잔 물 마시기, 식사 후 5분 산책하기처럼 작고 단순한 행동을 정하고, 서두르지 않고 꾸준하게 이어갈수록 습관의 뿌리는 점차 길고 굵어진다.

더 적게 가지려는 결심이 더 잘 사는 삶의 출발점이 된다. 한 가지 습관에 집중해 그것을 몸에 밸 때까지 길들이는 일은 단순하지만 강력하다. 이토록 작은 습관 하나가 마음의 리듬을 만들고 삶의 방향을 결정짓는다.

욜로가 순간을 즐기기 위한 철학이었다면, 요노는 삶을 설계하기 위한 태도다. 둘 모두 지금에 집중하지만, 욜로는 '하고 싶은 대로'를 말하고, 요노는 서두르지 않고 '지켜갈 가치가 있는 것'을 묻는다. 당신의 삶은 어느 쪽인가?

기다림으로 새긴 삶의 무늬

변화를 꿈꾸는 이들은 대부분 빠른 결실을 기대한다. 그러나 진정한 변화는 드러나지 않는 곳에서부터 시작된다. 땅속 깊은 곳에서 먼저 뿌리를 내린 후에야 씨앗에 싹이 트고 줄기가 솟아오르듯, 습관 또한 눈에 띄지 않는 시간들을 거쳐야 비로소 삶 위로 드러난다.

이 시기를 견디지 못하면 변화는 언제나 '시작만 한 일'로 남게 될 뿐이다. 좋은 습관이 몸에 밴다는 것은 곧 그 반복 속에서 마음의 질서가 바뀌고, 사고방식이 조정되며, 감정의 파고를 넘을 근력이 길러지는 것을 의미한다. 따라서 기다림은 시간의 낭비가 아니라, 변화가 깊어지는 시간이다.

그러나 우리는 가만히 있는 것을 무력하다고 느낀다. 조급함은 당장 눈에 띄는 변화만을 쫓게 하고, 작고 느린 실천은 비웃음당하기 십상이다. 하지만 인생의 진정한 전환은 대부분 오랜 반복과 기다림 끝에 찾아온다. 변화는 어느 날 갑자기 일어나지 않는다. 그저 어느 날, 이미 변해 있는 자신을 발견하게 될 뿐이다.

기다림은 의지만으로는 버티기 어렵다. 그래서 습관에는 요령이 필요하다. 매일 밤 잠들기 전, 오늘 가장 잘한 일을 한 줄 적는 것만으로도 우리는 자기와 조용히 대화하는 시간을 갖게 된다. 이는 시간이 쌓이면서 자신에 대한 신뢰로 이어지고, 기다림으로 삶을 다듬는 작업이 된다. 서두르지 않는 기다림은 습관이 자라는 조건을 지키는 성실한 태도다. 이는 수동적인 방치가 아니라, 내가 어떤 방향으로 가고 있는지를 끊임없이 감지하고 조율하는 적극적인 기다림이다.

우리는 때로 과거를 떠올리며 "그때 조금만 더 버텼더라면…"이라고 후회한다. 하지만 그 후회는 한편으로는 오늘을 위한 조언이 되기도 하다. 오늘 내가 시작한 작고도 평범한 행동 하나, 그 실천을 놓치지 않고 이어가는 것만이 큰 후회를 줄이는 삶의 비법이다.

기다릴 줄 아는 사람만이 자기 속도를 지킬 수 있다. 또한 주변의 속도에 휘둘리지 않고, 남의 성공에 질투하지 않으며, 자기 삶에 집중하는 사람만이 좋은 삶을 기를 수 있다.

삶은 결국 우리가 무엇을 기다리며 무엇을 길러냈는지의 무늬로 새겨진다. 끝까지 자기 속도로 걸어가는 삶이 결국 가장 멀리 간다. 서두르지 말자. 느리지만 분명히 가고 있다면, 이미 삶의 무늬는 새겨지는 중이다.

동일지폐동야불고 춘하지장초목야불무
(冬日之閉凍也不固 春夏之長草木也不茂)
-『한비자(韓非子)』-

혹독한 추위가 없다면 봄, 여름 초목이 무성하게 자랄 수 없다.

Chapter III
각성(覺醒)

자신이 무엇을 원하는지 깨달아라

우리는 결코 완벽할 수 없으며 온전하지도 않다. 그래서 배워야 하고, 익혀야 하며, 바뀌어야 한다. 보여주기의 화려함은 진실과 거리가 있음을 우리는 이제 알고 있다. 힐링, 행복 등의 달콤한 즐거움은 잠시 뒤로 미룬 뒤 나의 내면에 잠들어 있는 진정한 내공과 학습된 실력으로 무엇을 할 수 있을지, 그리고 나는 무엇을 원하고 있을지를 알아보자.

성장을 위한 훈련은 외로움, 용기, 결단, 뒤늦은 학습, 이질감 등 다양한 감정을 불러일으킨다. 그만큼 뒤돌아서서 눈물 흘리는 일들이 많지만 참아내야 한다. 남들과 다른 길을 원하면 다른 삶을 선택해야 한다. 남들과 다른 길에는 그만큼 치러야 할 몫이 많다.

　세간에선 흔히들 '재미있는 일을 하라'고 충고하곤 한다. 하지만 사실 성과 위주의 일들은 절대 재미가 앞서지 않는다. 어떤 일도 시작은 서툴기 그지없고, 대부분 익숙해지기까지 옆 사람의 도움과 눈치를 봐야만 하는 경우가 많다. 그만큼 일에는 시간과 땀의 양념이 들어가야 제맛이 나는 법이다. 열심히, 성실히, 오랫동안 하다 보면 능숙해지고, 익숙해지면 성과가 올라가며 재미도 붙는다.

누구에게나 필요한 방황

미국 예일대 출신 변호사 작가이자 TV 사회자 등으로 다양하게 활약한 벤 스타인(Ben Stein)도 "인생에서 원하는 것을 얻기 위한 첫 번째 단계는 내가 무엇을 원하는지 결정하는 것이다"라고 했다.

　그러나 진정 원하는 무엇을 찾아내는 일은 누구에게나 어렵다. 살아온 시간의 경험 속에 기억을 더듬어 몇 번의 거름 작업을 거쳐 정수(精髓)를 찾아내야 할 필요가 있다.

온전할 수 없어 삐걱거리는 네 바퀴의 수레에 용감히 몸을 싣고 지금까지 달려온 과거는 잊은 채, 이제는 새로운 방식을 받아들여야 한다. 욕망의 절제, 성공의 열정으로 나의 몸에 맞는 옷을 입자. 불필요한 아집과 집착을 버릴 때 그만큼 넓어지고 깊어질 수 있다.

우리 주위에서 약점을 강점으로, 단점을 장점으로 바꾼 인간승리 주인공들의 사례는 희망과 꿈을 주며, 때로는 조금 더 열심히 살아갈 이유가 되기도 한다. 세계청소년 여자 핸드볼 선수권에서 비유럽 국가 최초로 우승한 김민서는 대회 MVP로 뽑힌 전적도 있는 훌륭한 선수다. 그는 비록 160cm의 작은 키였지만 오히려 그 덕에 공격이 더 쉽다고 말하기도 했다. 그렇게 그는 자신의 작은 키를 겸허히 인정하여 더 많은 응원을 받았다.

이러한 스포츠 세계는 물론이거니와, 사회에서도 자신의 약점을 인간승리로 불러오는 경우를 종종 만난다. 그리고 우리는 이와 같은 스토리에 더욱 열광한다. 때로는 경제계에서도 다윗과 골리앗의 싸움을 종종 목격한다. 약자이기에 더욱 간절히, 독창적인 방법과 더 많은 노력으로 끝내 승리하는 다윗들의 이야기 말이다.

수학의 노벨상이라 불리는 필즈상을 수상한 미 프린스턴대의 교수인 허준이는 76회 서울대 후기 수여식에서 "하루하루 온전한 경험으로 그 끝에서 오래 기다리고 있는 낯선 나를 반갑게 맞이하라"며 축사를 남겼다. 그는 또 "제 대학생활은 길 잃음의 연속이었다"라고 고백하며, 나 같은 사람은 뭘 하며 살아야 하나 고민했다고 지난날을 회상했다.

제아무리 훌륭해 보이는 인물이라도 속으로는 방황하고 고뇌했던 경험의 날을 기억한다. 그렇게 우리는 성장하고 익어가는 것이다.

욕망이 커질수록 불안도 커진다

오늘날 SNS를 통해 욕망의 경계를 넘어 모방으로 대리만족이나 인정욕구를 채우려는 모습은 안쓰러움을 자아낸다. 우리가 진정 원하는 목표와 가고자 하는 길은 도중에 얼마든지 바뀔 수 있다. 그럼에도 취업과 퇴사를 거듭하며 기대치를 낮추지 못하는 만년 취준생들의 "난 아직 나의 진로를 찾지 못했어요", "뭘 할지 모르겠어요"라는 말을 들을 때면 가슴이 한참은 먹먹해진다.

서른이 지난 나이에도 부모 집에 얹혀사는 '캥거루족', 취직·결혼·출산이 모두 늦어지는 '지각사회'는 오늘날 흔한 풍경이 됐다. 경제협력개발기구(OECD)에 의하면 2022년 기준 대한민국 약 81%의 청년이 부모에게 얹혀살고 있다고 한다. 이는 OECD 36개국 가운데 1위이며, OECD 평균 50%의 1.6배에 달한다.

이는 단순히 우리나라만의 문제는 아니다. 세계적 불황으로 부모에게 얹혀사는 젊은이는 이탈리아 80%, 그리스 78%, 스페인 77%에 달한다. 그만큼 세계적 불황으로 취업이 힘들다는 반증이다. 더군다나 AI의 발전은 이러한 불황의 미래를 더욱 어둡게 만들고 있다.

어느 길에서나 방황은 있을 수 있다. 하지만 어떤 시도도 없이 그저 두 손을 놓고 막연한 기다림의 허송세월을 보내서는 아무 것도 얻지 못한다. 그렇다면 중년층은 상황이 더 나을까? 빠른 은퇴 후 무엇을 원하는지 모른

채, 남들의 권유로 충분한 예비지식이나 준비 없이 시작한 몇 번의 창업, 지인의 보증 등의 악순환으로 두텁지 않은 퇴직금이 바닥나 가정이 붕괴하는 모습을 우린 쉽게 마주하곤 한다.

집안의 방, 네모난 모니터 안에서는 우리가 나아갈 진정한 길을 찾을 수 없다. 진정한 길은 집 밖에 있다. 우선 발품이라도 보태보자. 새벽녘의 수산시장, 활기찬 재래시장, 땀 흘려 일하는 농부들의 황금빛 평원... 그곳에 삶이 있다.

나는 진정 무엇을 원하는가?

한때 공무원의 노후보장과 안정적인 봉급을 기대하며 고시촌으로 들어가는 많은 MZ세대를 만나볼 수 있었다. 하지만 진정 내가 원하며 잘 할 수 있는 일이란 대부분 준비 단계부터 10년 후, 혹은 더 늦게 빛을 보거나 보람을 찾을 수 있는 법이다. 100세 시대에 오랜 기간 일할 수 있고, 살아남기 쉬운 직업군의 접근은 그만큼 경쟁이 심하다. 따라서 이제는 취업과 동시에 새로운 준비가 이루어져야 한다.

종종 은퇴 후 과거의 경험을 바탕 삼아 제2의 인생을 훌륭하게 열고 있는 중년의 성공사례를 만나곤 한다. 이들은 철저한 시장조사, 몸에 배인 저축생활로 준비한 자본금, 본인만의 건강관리, 꾸준한 학습, 트렌드 파악 등의 준비를 충분히 해낸 경우가 대부분이다.

결국 자신을 제일 잘 아는 사람은 자신인 법이다. 진솔한 자기 자신과의 만남으로 우선 자신을 객관화해 보자. 먼저 나의 성향과 잠재된 나만의 습관, 능력을 알아내고 사회의 일원으로, 가정의 일원으로, 조직의 일원으로 역량개발에 대한 분석을 해보자. 세상은 그리 만만한 곳이 아니지만, 그렇다고 고통만 존재하는 곳도 아니다. 빛나는 미래의 기다림을 믿어야 한다.

의학적으로 인간의 신체는 약 25세 전후로 노화가 시작된다고 한다. 인생의 속도도 생로병사의 흐름과 같음을 인정하자. 취업의 시작과 은퇴의 여정은 표리일체다. 늘 노후와 제2의 인생을 고민하여 배우고 익히는 일에 게으름 부리지 말자. 항상 깨어 있도록 좋은 책을 옆에 두고, 시대의 흐름에 눈 돌리지 말자.

물론 사람이란 저마다 자란 환경이 다르고, 교육수준도 차이가 나는 것이 사실이다. 또한 책임져야 할 저마다의 임무도 다르다. 신체능력은 물론 다른 사람과의 취미와 능력, 환경도 다르다. 그러므로 인간은 각인각색인 법이다. 하지만 그 속에서도 미미하지만 분명 다른 사람보다 잘하는 것이 있고, 능숙한 것이 있으리라. 이 또한 외면해서는 안 되는 신실이다.

그만큼 삶을 유지하는 업의 선택은 어려운 일이다. 그러므로 무엇을 선택하고 또 전환할 것인가를 고민하는 일은 신중해야 한다. 다만 확실한 한 가지는, 세상에 내 마음에 딱 맞는 일은 없다는 사실이다. 다시 찾아보자! 내가 원하는 일을...

확신이 없으면 시작하지 마라

무언가를 시작하고 싶을 때, 그 안에 '확신'이 있는지를 묻는 사람은 많지 않다. 시대는 변화를 요구하고, 매체는 도전과 성공담을 부추긴다. 하지만 확신이 없는 출발은 방향 없는 항해일 뿐이다. 자신에 대한 냉정한 이해와 치열한 질문 없이 선택한 일들은 오래가지 못한다.

불안정한 시대일수록 더욱 단단한 자기 인식이 필요하다. 위기를 기회로 만들 수 있는 사람은 언제나 준비된 자다. 무턱대고 긍정으로 돌진하기보다는, 자신 안의 동기와 역량, 그리고 지속할 수 있는 힘을 점검해야 한다. 각성은 결국, 내가 무엇을 감당할 수 있는지를 아는 데서 시작된다.

위기인가 착각인가

'위기가 곧 기회다'라는 말을 믿고 경제 불황이나 고용 위기를 '나만의 타이밍'이라 판단하여 창업에 나서는 이들이 많아졌다. 특히 팬데믹 이후에는 스타트업, 1인 창업, 부업 시장이 급속히 팽창하며, 수많은 이들이 도전의 길에 들어섰다. 하지만 그 시작이 확신에서 비롯된 것인지, 아니면 불안에서 벗어나기 위한 충동에 의한 것인지는 따져볼 필요가 있다.

통계청 자료에 따르면 2024년 기준 부업자의 수는 최근 5년 사이 약 40% 증가했다. 고물가, 실질 임금 하락 등 현실적인 제약으로 인해 많은 근로자들이 생계를 위한 '투잡'을 선택한 것이다. 그러나 생존을 위한 선택과 성장의 발판을 위한 선택은 엄연히 다르다. 무엇이 나를 움직였는지를 아는 일은 각성의 출발점이다.

은퇴 후 창업을 선택하는 이들 역시 마찬가지다. 긴 시간 성실히 일하며 책임감으로 가족을 부양해온 사람들이지만, 자영업의 세계는 과거의 원칙이 통하지 않는 낯선 전장이다. 경험과 아이디어로 성공하는 이도 있지만, 수많은 실패자들은 조용히 사라진다. 준비가 부족해서가 아니라 흐름을 읽지 못했기 때문이다. 실패한 창업자 중 많은 이들이 공통적으로 말하는 후회는 "좀 더 기다릴 걸", "확신이 없었는데 그냥 시작했어요"라는 고백이다. 이처럼 변화의 흐름을 단지 '기회'로 착각하는 순간, 인생의 궤도가 휘청거릴 수 있다.

결국 중요한 것은 '확신'이다. 하지만 이는 엄연히 감정적인 자신감이 아니라 상황을 통찰하고, 스스로를 점검한 끝에 도달한 내면의 확신을 의미한다. 그런 확신은 하루아침에 만들어지지 않는다. 그것은 오랜 자기 점검과 실패에서의 배움에서 비롯된다.

기회는 누구에게나 오지만 그것을 붙잡는 사람은 준비된 사람뿐이다. 완벽한 타이밍은 없다. 하지만 적어도 '확신 없이 시작하지 말라'는 조언은 언제나 옳다.

유해한 긍정은 오히려 독

"난 할 수 있어", "긍정적으로 생각해"라는 말은 위로가 되지만 종종 자기기만이 되기도 한다. 특히 요즘은 '무조건 도전'과 '결과보다 용기'라는 메시지를 지나치게 장려한다. 하지만 자기이해 없는 낙관은 오히려 독이 될 수 있다.

'유해한 긍정성 toxic positivity '이라는 개념이 점차 주목받는 이유도 여기에 있다. 과도한 희망과 '괜찮을 거야'라는 낙관은 현실을 직시하지 못하게 만들고, 실패를 감추는 메커니즘이 되기도 한다. 실제로 많은 실패 사례는 '막연한 긍정'에서 출발했다. 과한 응원, 성급한 낙관, 준비되지 않은 격려는 오히려 판단을 흐리게 한다. 창업, 전직, 이직, 투자는 모두 나 자신의 근본에서부터 들여다보는 과정이어야 한다. 특히 생계를 건 선택일수록 더더욱 그렇다.

모든 선택 앞에는 언제나 망설임이 있다. 하지만 그 망설임을 통해 자신을 더 깊이 들여다보았다면, 그것이야말로 이미 시작된 '내면의 혁신'이다. 긍정이라는 말은 듣기 좋지만, 때론 그것이 감정을 억누르고 자기 의심을 덮는 수단이 되기도 한다. "괜찮을 거야"라는 말은 위로처럼 보이지만, 실제론 '지금 이 문제를 자세히 들여다보지 말자'라는 회피일 수 있다. 특히 감정 노동이 많은 직종이나 불확실한 경로를 걷는 사람들에게 이 말은 '감정을 억누

르라'는 압박으로 작용한다. 이때 긍정은 더 이상 덕목이 아니라, 자기 점검을 방해하는 껍데기다.

진정한 각성은 내가 진정 원하는 것이 무엇인지 지금 할 수 있는 것이 무엇인지를 구분하는 데서 시작된다. 어떤 일이든 확신이 없다면 시작을 늦추어도 좋다. 다만 그 시간동안 끊임없이 자신을 점검하고 공부해야 한다. 확신 없는 시작은 오히려 기회를 망친다. 그리고 후에는 '왜 그때 멈추지 않았을까'라는 깊은 후회가 밀려온다. 주위의 어떤 말보다 더 중요한 것은 내가 책임질 수 있는 나의 판단력이다.

유해한 긍정은 종종 조직적 실수를 반복시킨다. 실패가 예고된 프로젝트임에도 불구하고 "우린 해낼 수 있어", "포기하지 말자"는 식의 의사결정이 결국 더 큰 손실로 이어지는 사례를 만나곤 한다. 이는 공동체이든 개인이든, 감정적 낙관에 기대 현실을 외면한 결과다. 긍정은 문제를 직면한 뒤에야 비로소 빛을 발한다. 감정의 진폭을 억누르는 긍정은 오히려 성장을 가로막는 부정적 정서일 수 있다.

지혜는 기초에서 나온다

2024년 포천 글로벌 500기업 중 임원들의 실적발표에서 '회복성'이라는 용어가 2019년 대비 200% 이상 언급되었다고 한다. 변화로 겪는 고통은 모두 같은 마음인 것 같다.

'회복탄력성'은 위기 후 성장을 이루는 잠재력이다. 성장은 얼마나 기초를 닦았느냐에 따라 달라진다. 그만큼 기초의 중요성은 말할 필요가 없다. 풀리지 않는 일들로 인해 어렵고 힘들 때는 누구나 만사가 귀찮아진다. 따라서 힘든 일은 기초부터 시작하자. 내일은 내일의 해가 뜬다. 회복의 지혜는 가까운 데 있으니, 바로 기초에서 나온다. 모두가 바라는 창의성·독창성도 기초에서 나온다.

튼튼한 기초에서 창의력이 생긴다

유대인의 성공 뒤에는 그들을 믿어준 부모가 있다. 유대인의 탈무드 교육은 자녀를 '남보다 똑똑하게' 만들려 하기보다는, 꾸준히 배움에 충실한 태도를 중시한다. 책을 손에서 놓지 않으며 기초에 힘쓰는 그들의 교육 방식은 오랜 시간 동안 자녀들의 성장 토대를 다져왔다.

유대인은 '최고^{Best}'보다는 '독특함^{Unique}'을 추구한다. 신이 부여한 재능은 각기 다르며, 그 쓰임도 다르다고 믿는다. 누구나 '유니크'한 존재가 될 수 있다는 신념이 그들 교육의 중심이다. 그래서 "너는 남들과 달라"는 말 한마디가 한 사람의 인생을 바꾼다. 예를 들어 스필버그는 외톨이였고, 아인슈타인은 자폐 경향으로 왕따를 낭했지만, 두 사람 모두 자신만의 길을 개척해 세계적 존재가 되었다. 그 뒤에는 부모의 기초적 믿음과 지지가 있었다.

지금까지 없던 것을 창조하는 천재성도 중요하지만, 기존의 것을 통합하고 재해석하는 통섭의 능력 역시 중요하다. 인문학적 상상력과 스토리텔링을 통해 자신의 색깔을 입히는 것도 하나의 창조다. 영화감독 봉준호는

"가장 개인적인 것이 가장 창의적인 것이다"라고 했다. 이처럼 오늘날 창의성은 천재성보다 '개인성'에서 비롯된다. 스스로 경험하고, 즐기고, 재해석하며 만들어낸 창의성은 보다 독창적인 작품을 만든다.

미래를 준비하는 창조적 삶은 특별한 무엇이 아니라, 어제보다 단단한 기초에서 시작된다. 단단한 기초는 흔들림이 적고, 혼란한 시대에도 흔들리지 않는 힘이 된다.

AI 시대의 지식은 평준화되고 있다. 이제 실력보다 중요한 것은 어떻게 통합하여 연결하며, 이야기할 수 있는가이다. 챗 GPT와 같은 인공지능은 편리함을 주지만, 우리의 사유와 지혜는 단단한 기초 위에서 더욱 깊어져야 한다. 손쉬운 해답에만 의존하면 우리의 경쟁력은 결국 흐려질 수밖에 없다. 진짜 감동은, 자신의 언어로 엮은 서사 속에 존재한다.

기초가 운명을 결정한다

기초란 단지 초등 지식이나 반복 훈련만을 의미하는 것이 아니다. 기초는 판단의 기준, 생각의 구조, 감정의 인내력까지 포함하는 삶의 토대다. 겉으로는 느려 보이지만, 오래가는 사람들은 하나같이 기초가 탄탄하다.

기초는 위기일수록 수면 위로 떠오르는 내공의 존재다. 정보는 같아도 해석은 다르고, 같은 문제를 만나도 태도는 다르다. 결국 기초가 삶의 무게를 버티는 힘이 되는 것이다.

우리는 종종 빠른 성취나 효율성만을 쫓는다. 하지만 제대로 성장하는 사람은 기초부터 느리게 쌓는다. 틈틈이 메모하는 습관, 정리정돈이나 질문하는 태도처럼, 작지만 반복된 습관들이 결국 창의성과 판단력의 뿌리가 된다. 기초는 눈에 잘 띄지 않지만, 하루하루 쌓인 시간만큼 결과로 증명된다.

비슷한 실력에서 차이를 만드는 것도 기초다. AI와 인간이 공존하는 시대일수록 기본기를 무시한 지식은 금세 잊히고 대체된다. 반면, 질문을 만들 줄 아는 사람, 경험을 연결할 줄 아는 사람은 시대가 어떻게 변하든 살아남는다. 그들은 단지 빠른 사람이 아니라 깊은 사람이다.

기초의 힘은 정답보다 생각하는 과정을 중시할 때 자

란다. 예를 들어 학생 시절 암기형 공부보다도 '왜 그런가', '왜'를 묻는 공부가 더 오래 남고, 인생에서도 마찬가지다. 해답보다 질문, 속도보다 맥락, 결과보다 과정을 이해하려는 태도가 결국 창의력과 통찰력을 만든다.

세상은 점점 복잡해지고, 문제도 점점 어려워진다. 이런 시대일수록 기초는 단순한 스펙을 넘어 생존의 바탕이 된다. 지혜로운 사람은 기초를 무시하지 않고, 항상 더 깊고 단단하게 다진다. 기초를 아끼자. 그런 이들만이 언제든 다시 시작할 수 있다.

자기혁신을 시작하자

남이 가는 길을 가면 불안하지 않고 편안하지만 그 길에 종속되고, 새로운 길을 가면 험난하지만 나만의 길을 개척하게 된다. 우리는 우주 그 자체이지 결코 종속적인 존재가 아니다. 세상 성장의 길은 곧 자기혁신의 길이다. 때로는 불편하고 서툴러도 이를 마주해야만 무언가를 이룰 수 있다. 결국 모든 문제는 내게서 출발하고, 그 해답도 역시 내 안에 있다.

헌집이 아깝다고 그대로 두면 새집을 지을 수 없다
어떻게 해야 자신의 한계를 뛰어 넘을 수가 있을까. 성장의 기회는 언제 어디서든 우리를 기다린다. 미국 마케팅의 귀재라고 하는 브루스 바튼Bruce Barton은 "현재의 처지에 굴하지 않고, 그보다 훨씬 나은 그 무엇이 자기 안에 숨겨져 있다고 굳게 믿는 사람들의 성취보다 더 훌륭한 것은 없다"고 했다.

심지어 단순한 다이어트조차 그리 수월하지 않음을 우리는 이미 경험으로 알고 있다. 나쁜 생활습관으로 인해 과체중을 걱정하는 많은 이들은 무리하게 갑자기 다이어트를 시작하곤 한다. 하지만 금방 닥친 요요현상은 그들을 쉽게 좌절시킨다. 신비한 체중조절의 약, 절식, 간헐적 단식 등의 다양한 방법으로 몇 달 만에 10kg, 20kg 등을 감량했다는 기적을 믿지 말자. 세간에는 우리를 현혹시키는 많은 유혹들이 깔려 있지만, 결국 최고의 다이어트는 꾸준한 노력으로만 이룰 수 있다.

익숙한 것들은 편하고 수월하다. 그래서 혁신은 어렵다. 그렇지만 새로운 각오로 끊이지 않은 자기 암시와 긍정적 생각과 목표 달성의 기쁨을 생각하면 생산성과 성과를 높일 수 있다.

세계적 석학 제러드 다이아몬드Jared Mason Diamond는 UCLA의 과대학 교수로 출발하여 생태 및 진화학과 교수를 거쳐, 끊임없는 자기혁신으로 90세 가까운 노령에도 지리학과 교수로 꾸준한 활동으로 재직하고 있다. 그는 1997년 퓰리처상을 받은 『총, 균, 쇠』, 『문명의 붕괴』 등의 저서로 역사학자를 넘어서 지리학자로 우뚝 섰다. 꾸준한 자기혁신으로 학문의 경계와 문화의 경계에서 통섭적, 종합적 활동을 하고 있는 그는 고령의 나이에도 성장을 멈추지 않는 인물이다.

자기변화와 혁신은 장수시대를 살아가는 우리들의 숙명인지도 모른다. 그만큼 우리는 끊임없이 학습하고 변신하지 않으면 살아남기 어려운 시대에 살고 있다. 변화와 혁신을 두려워하지 않으며, 노년의 인생 제 2막을 보내고 있는 이들이 점차 많아지고 있다.

책을 놓치지 않는 습관으로 물리적 나이를 넘어 만학의 즐거움을 누리는 만학도들, 늦게 시작한 그림으로 몇 번의 전시회와 팔리는 작품으로 성과를 내는 이들은 하나같이 변화와 혁신에 주저함이 없고 성실하다.

그저 주어지는 것은 아무것도 없다. 성공도 실패도

모두 대가를 치러야 얻을 수 있는 소중한 자산이다. 끊임없는 자기혁신과 변화만이 다가오는 징검다리를 건널 수 있는 힘이 된다.

변화를 선택하는 일상의 용기

자기 혁신은 거창한 결심에서 탄생하지 않는다. 오히려 작고 반복적인 선택이나 일상 속 사소한 변화에서 시작된다. "오늘 하루는 어제와 다르게 살아보자"는 태도 하나, 혹은 "지금 이 순간만큼은 더 나은 내가 되어보자"는 마음가짐이 혁신의 첫 씨앗이다. 많은 사람들이 혁신을 '터닝 포인트'로 여기지만, 실제로는 꾸준히 방향을 조정하는 작은 핸들링에서 그 진짜 힘이 나온다.

우리는 흔히 자신이 누구인지를 기존의 경험과 성취로 규정한다. 하지만 자기 혁신이란 익숙한 나에서 벗어나 미지의 나를 향해 조금씩 문을 여는 과정이다. 익숙한 실패를 끊어내고, 불편함 속에서 성장의 신호를 감지하는 능력이 점차 확장되면 사람은 스스로도 놀랄 만큼 변해 있는 자신을 만나게 된다.

가장 중요한 것은 '실천', 즉 '실행'이다. 생각은 누구나 할 수 있다. 하지만 실천은 누구나 할 수 없다. 자기 혁신을 지속하는 사람들은 거창한 능력이 있어서가 아니라, 실패해도 다시 시도하는 용기와 인내가 있기 때문이다. 다시 시도하는 힘은 타고나는 것이 아니라, 자기를 믿는 경험을 축적하면서 만들어진다.

가령, 글쓰기를 처음 시작한 사람은 자괴감에 글을 포기하기 쉽다. 하지만 매일 열 줄이라도 꾸준히 써보는 사람은 자신에게 "나는 매일 쓰는 사람"이라는 새로운 정의를 내린다. 자기 혁신은 자기 정의 self-definition 를 바꾸는 일이다. 단 하루만으로는 어렵겠지만, 반복되는 실천으로 변화할 수 있다.

더 나은 내가 되겠다는 그 다짐을 남과 비교하지 않는 방식으로 실천하자. 비교는 자괴감을 낳는다. 하지만 자기 혁신은 타인과의 경쟁이 아니라 어제의 나를 이기는 싸움이다. 작은 변화가 어제와는 다른 결과를 만든다는 확신을 가질 때 사람은 자신만의 기준을 갖게 된다.

자기 혁신은 결코 특별한 순간에 일어나는 일이 아니다. 지금 이 자리에서 조금 더 나은 방향을 선택하려는 사람만이 변화의 흐름에 올라탈 수 있다. 우리는 인생의 거대한 굴곡보다도 매일 맞닥뜨리는 작은 갈림길에서 진짜 운명을 만든다.

도전의 기술

무모한 도전은 몹시 위험하다. 그러나 성장을 위해서라도 도전은 꼭 필요한 일이다. 이 세상에 결코 도전 없이 이룰 수 있는 일은 없다.

탈무드에서 '승자는 눈을 밟아 길을 만들지만, 패자는 눈이 녹기를 기다린다'라며 도전의 정신을 격려하고 있다. 때로는 눈 내린 미끄러운 길이라도 조심하며 도전하는 용기와 기술이 필요한 법이다.

한계를 넘어선 이카로스의 도전
그리스·로마 신화 속 이카로스의 이야기는 한계를 넘어

선 도전의 사례를 잘 드러낸다.

이카로스는 아버지인 다이달로스와 크레타 섬의 미궁을 만든 뒤 갇히게 된다. 이후 다이달로스와 이카로스는 미궁을 탈출하기 위한 도전으로 떨어진 깃털을 모아 밀랍으로 만든 날개를 등에 달고 하늘로 날아오른다. 하지만 너무 높게 날면 밀랍은 태양열 때문에 녹아버리고, 그렇다고 너무 낮게 날면 바닷물의 습기로 날개를 작동할 수 없어 역시 떨어지게 된다.

이는 마치 도전의 기술과 같다. "너무 높지도 않게, 너무 낮지도 않게 나를 따라 오렴." 하지만 아버지 다이달로스의 조언과 도움에도 불구하고, 이카로스는 적절한 높이를 지키지 않고, 결국 자기 한계를 넘는 도전으로 태양 가까이 다가가다가 추락하여 비극을 맞이하게 된다. 그러나 그 순간 적어도 이카로스는 자신의 한계가 어디까지인지, 그 가능성을 정확하게 깨닫게 되었을 것이다. 그렇다면 그의 도전을 마냥 어리석다고만 할 수 있을까?

실패를 피하는 도전의 기술은 너무 높지도 낮지도 않게, 자기 분수를 지키며 한계를 인지하며 행동하는 것이다. 그러나 지나친 자기객관화로 너무 낮게 자신의 능력을 판단하는 것 또한 장기적인 실패의 원인이 되기도 한다. 주위의 충고와 가르침도 분명 중요하지만, 최종적인 결정은 어디까지나 본인의 생각을 통해 이루어져야 한다. 이때 도전을 통해 우리는 자기 능력의 한계를 정확히 알 수 있게 된다.

우리에게는 각자의 이카로스의 날개가 있다. 삶의 조건들이 나의 날개이고, 성장의 목표가 나의 이카로스이다. 이를 통해 실패를 할 수도, 훨씬 많은 기회와 도전의 성공을 향해 날아갈 수도 있다. 그러나 도전한 만큼, 그리고 실패한 만큼 성장할 수 있을 것이다. 다른 사람의 기준에 흔들리지 않고, 끊임없는 도전이 자신감을 키우고, 자신에 맞는 적절한 조건, 환경만이 삶을 새롭게 만든다.

그리스 공군사관학교의 로고는 이카로스의 날개를 모티프로 하고 있다. 이 로고는 사관생에게 지나치게 높지도, 낮지도 않게 매뉴얼과 규칙을 준수하고, 엄수해야 사고와 추락을 예방한다는 경고의 메시지를 전하는 게 아닐까?

실패를 넘어서는 도전의 기술

미국의 위대한 농구 선수 마이클 조던은 "나는 선수생활 동안 9,000번도 넘게 슛을 실패하였다. 내 인생에서 나는 계속, 계속, 계속 반복해서 실패하였다. 그것이 내가 성공한 이유이다"라고 했다.

두려움으로 인해 아무 것도 하지 않는 것은 결과적으로 최악의 선택이 된다. 그러므로 우리는 도전해야 한다. 도전만이 성공의 길로 들어설 수 있는 유일한 방법이다.

도전은 타인이 함부로 도울 수도, 또 그 경계를 정해 줄 수 없다. 어디까지나 최종 결정은 스스로 하며, 결과 역시 스스로 책임져야 한다. 따라서 신중하게 도전으로 얻는 것과 잃은 것을 비교해 보고, 최악의 사태를 미리 예견해두어야 한다. 그렇기에 후회하지 않기 위해서라도 자신이 좋아하는 일을 선택하자. 세상은 언제나 위험한 곳이다. 나만을 위한 좋은 선택지만 기다리는 법은 결코 없다. 그럼에도 불구하고 우리는 도전을 멈출 수 없다.

퀀텀 점프 quantum jump라는 말을 아는가? 이는 '비약적 도전'을 의미하는 말로 양자세계에서 어떤 일이 다음 단계로 갈 때 한걸음, 한걸음씩 연속적 발전을 하는 것이 아니라, 마치 계단을 뛰어오르듯이 몇 단계를 성큼성큼 올라가는 것을 의미하는 물리학 용어이다.

스스로 '메기'를 자처하며 스타트업 기업을 시작한 청년이 있다. 물리학의 시그마^{Sigma}, 델타^{Delta}, 기술^{Technology}의 머리글자를 따서 'SDT'라는 이름의 양자 기술 기업을 2017년 당시 27세의 나이로 창업한 윤지원 대표다. 그는 초등학교 졸업 후 미국 MIT(매사추세츠 공대)에서 석·박사를 지낸 뒤 2014년 한국과학기술연구원^{KIST} 양자정보 연구단으로 합류한다. 하지만 그는 이내 '교수'의 꿈을 접은 뒤 스스로 '메기'가 되기로 마음먹고 창업의 길로 들어선다. 퀴퀴하고 냄새나는 지하공간을 관리하는 '스미트 맨홀'의 개발부터 시작하여 양자 센서, 양자 통신 장비개발의 영역 등으로 확대하여 15년간 사업한 그의 경험은 학계와 업계의 신선한 자극을 주고 있으며, 최연소의 경험자로 젊은이에게 도전정신과 용기의 '메기효과'를 톡톡히 주고 있다.

이처럼 성공적인 도전을 위해서는 자신의 연장을 항

상 준비해 두어야 한다. 『논어』「위령공편」 15장에서 '공욕선기사 필선리기기工欲善其事 必先利其器'라는 말이 나온다. '일을 잘 해내려면 반드시 그 도구를 잘 다듬어두어야 한다'는 의미이다.

도전에는 철저한 준비가 필요하다. 다가오는 변화와 행운을 맞이하고 도전하는 자는 항상 준비된 자다. 새로운 도전에 어찌 어려움이 없을까마는 극복할 수 있는 인내와 지혜는 준비된 자를 승리로 인도할 수 있을 것이다.

누구나 후회할 때도 있다

후회는 인간만이 가지는 감정이자 가장 피하고 싶은 감정이다. 그러나 후회는 우리를 인간답게 만들며, 성장을 지키는 열쇠를 쥐고 있는 비밀스러운 감정이기도 하다.

'파증불고'라는 고사성어가 있다. 이미 지난일이나 만회할 수 없는 일에 대하여 미련을 두지 않고 깨끗이 단념한다는 것을 비유하는 말로, 『후한서』의 「곽태전」에서 다음과 같은 이야기를 전한다.

과거에 맹민이란 사람이 전 재산이라 할 수 있는 시루를 지고 가다 땅에 떨어뜨려 깨뜨리고 말았는데 아까운 마음도 없이, 뒤도 돌아보지 않고 계속 걸어가는 비범함을 보였다. 이때 곽태라는 사람이 맹민의 비범함을 알아보고 그에게 학문에 힘쓰도록 권유하였다. 후에 맹민은 삼공의 지위에 올랐다고 한다. 그러나 평범한 우리들은 이미 일어난 일, 돌이킬 수 없는 일을 반복해서 후회하곤 한다.

후회는 누구에게나 유용한 경험

우리들은 '후회는 곧 실패이다'라고 단정 지으며 그만큼 '후회 없는 삶'을 위해 애를 쓰고 실망하다 끝내 좌절한다. 그러나 후회 없는 인생은 없으며 누구라도 크고 작은 후회는 경험할 수밖에 없다.

후회는 인류의 근원적, 보편적 행위이다. 고의든 타의든 후회할 일이 생기면 누구나 스스로 부끄러움을 느끼며, 심한 자괴감을 겪기도 한다. 그러나 동시에 후회는 인간의 발달과 성장에 매우 필수적인 감정으로, 오히려 후회를 느끼지 못한다는 것은 심각한 문제의 신호가 될 수도 있다. 적절한 후회의 경험은 우리를 성장시키며 자연스레 정신적인 근육도 길러준다.

다니엘 핑크는 자신의 저서인 『후회의 재발견』에서 "후회가 없는 사람들은 심리적 건강의 본보기가 아니다. 그들은 심각한 병에 걸린 사람들이다"라고 말하기도 했다. 그는 2021년 '미국 후회 프로젝트'에서 4,824명의 표본으로 "자신의 삶을 돌아보며 '달리 행동했더라면 좋았을 텐데...'라고 생각하는 때가 얼마나 자주 있습니까?"라는 질문을 했다. 이에 단 1%의 응답자만이 그런 일은 전혀 없다고 답했고, 거의 없다고 답한 사람은 17% 미만이었다. 반면에 약 43%는 자주 혹은 늘 그렇다고 답했다. 전제적으로 보면 응답자의 82%의 응답자가 적어도 종종 후회를 하고 있다고 하였다. 그들은 이런 활동(후회하는 것)을 생활의 일부로 여긴다고 답했는데, 이는 미국인들이 치실을 사용하는 것보다 훨씬 자주 후회한다는 것을 보여준다.[2]

이처럼 후회는 인간적 경험의 필수 요소이며 흔한 일이므로 자연스럽게 받아들여야 한다. 우리의 삶에는 실패의 경험도 있을 수 있다. 하지만 이때 후회의 감정을

---

2 다니엘 핑크 지음, 김명철 옮김 『후회의 재발견』 p 47

긍정적 사고로 받아들이면 이는 다른 분야에서 다양한 경험으로 작용하는 자산이 된다. 성공과 실패를 떠나 그동안의 노고와 시간은 결코 헛되지 않으며, 유용한 경험으로 축적된다.

후회를 성장의 도구로

감정이 생각을 위한 것이고, 생각이 행동을 위한 것이라면, 후회는 우리를 더 나은 사람으로 만들기 위한 것이다. 그러나 이미 일어난 일에 대해 후회만 곱씹게 되면 삶의 만족도는 떨어지고, 그만큼 부정적인 생각으로만 가득해져 어려움만 겪게 된다. 그렇다면 후회를 어떻게 다루는 것이 가장 지혜로운 방법일까? 후회보다 중요한 것은 후회 다음으로 오는 우리들의 대처법이다.

오스트리아의 심리학자 빅터 프랭클Vitor Frankl은 유태인 정신과 의사로, 홀로코스트 피해자가 되어 수용소의 괴로운 일상을 책으로 엮은 『죽음의 수용소에서』라는 자전적 책을 통해 많은 감동과 위안을 준 것으로 유명하다. 그는 "두 번째 삶을 사는 것처럼 살아라. 그리고 첫 번째 삶에서 했던 잘못된 행동을 다시 하려는 것은 아닌지 살펴라!"라는 말로 우리들의 실수와 허물이 누구에게나 있을 수 있는 일이고, 후회 또한 있을 수 있는 일임을 전하고 있다.

우리에게 가장 많은 후회는 가족문제가 22%로 1위이고, 19%는 파트너와 관련된 후회, 다음으로 교육, 직업, 재정 순으로 나타났다. 이 연구 분석을 보면 우리는 사람으로 상처 주고, 사람으로 상처받는 일이 제일 많으며, 이로 인한 후회를 제일 많이 겪는 존재다.

'~~했더라면', '~~적어도 ~할 걸' 과 같은 후회로 지나간 일들에 아쉬움과 어리석음을 늦게 깨닫는 경우도 많지만, 후회는 우리를 더 나은 사람으로 만들기 위한 도구이며, 지난 시간을 돌이켜 실패를 성찰해서 전략 수정으로 성과를 개선하고 싶은 마음에서 일어나는 감정이다.

캐나다 시인이자 소설가인 레너드 코헨 Leonard Cohen 은 "모든 것에 균열이 있다. 그래야 빛이 들어온다"라며 인간의 완벽하지 못함을 노래했다. 실패의 유대감과 후회의 자성적 고찰로 우리의 반복된 행동을 반성하고, 고칠 수 있을 때 우리를 향상시킬 수 있다. 이럴 때 우리의 정신은 자란다.

지족불욕 지지불태 가이장구(知足不辱 知止不殆 可以長久)
-『도덕경(道德經)』-

만족함을 알면 욕됨이 없고, 멈춤을 알면 위태함이 없어 가히 오래갈 수 있다.

Chapter IV
토대(土臺)

넉넉하면 두려움이 작아진다

우리의 욕망은 채워도 끝이 없고, 멈추지도 않는다. 과거에는 경제가 성장하면 그만큼 삶이 윤택해지고, 그 결과로 행복해질 것이라 기대했다. 하지만 현실은 달랐다. 우리의 욕망은 이미 경제 성장을 한참 앞질러 달리고 있다.

프랑스 경제학자 다니엘 코엔 Daniel Cohen 은 『출구 없는 사회』에서 행복 추구를 '쾌락의 러닝머신'에 비유했다. 일단 올라타면 끝없이 달려야 하지만, 결국 제자리걸음이다. 돌아보면 경제 성장의 역사란 무한한 욕망을 감춘 채 '행복'을 외쳐 온 시간이었다. 하지만 이제는 우리도 깨달았다. 행복은 더 이상 도달해야 할 목적이 아니라는 것을. 이제 새로운 변화에도 흔들림이 없는 튼튼한 우리의 토대가 필요하다.

열심히 일하면 보상받는다는 착각

1970년대와 비교해 삶은 분명 몇 배는 윤택해졌지만, 이를 실감하는 사람은 그리 많지 않다. 부의 수준만큼이나 욕망과 의식 수준도 함께 높아졌기 때문이다. 부익부 빈익빈은 전 세계적인 문제이고, 어떤 정책으로도 쉽게 해결되지 않는다. 성실과 노력이 실력으로 평가받던 시대는 저물고, 이제 사회는 우리의 성장에 또 다른 '무엇'을 요구하고 있다.[3] 한국경제연구원이 발표한 '체감경제고통지수'란 미국경제학자 '아서 오쿤'이 고안한 지표로 실업율과 물가상승률을 합하여 만든 계산지표이다. 15세~ 29세의 청년들이 느끼는 청년 경제고통지수는 2018년 3월 25.3%로 역대 최고 수준이며, 다른 연령대(11.5~18.8)보다 월등히 높다. 게다가 엎친 데 덮친 격으로 청년층의 결혼 포기와 저출생 문제까지도 일어나고 있어 인구감소로 미래가 어둡다 한다.

물론 통계상의 수치를 들어 우리의 삶의 윤택함을 주

---

[3] 다니엘 코엔 지음, 정현옥 옮김, 『초예측』, 2018, p145

장하는 이들도 있다. 하지만 통계나 지수는 어디까지나 측정 가능한 숫자에 불과하며, 우리 삶의 진짜 모습을 보여주지는 못한다. 결국 숫자의 크기보다 높은 실질적 재정문제는 즉 삶의 질과 연결되는 부가적 소비이다.

미국 연방준비제도 이사회 의장을 지낸 경제학자 앨런 그린스펀Alan Greenspan은 "글을 모르는 문맹은 생활을 불편하게 하지만, 금융문맹은 생존을 불가능하게 만들기 때문에 더 무섭다"라고 말했다. 우리나라 성인의 금융이해도는 OECD 가입국 평균보다 낮다. 연령대별 이해도를 살펴보면 30대가 가장 높고, 그 다음으로 40대, 50대, 60대, 70대 순으로 나타났다.

금융적 토대를 준비할 때

'FQFinancial Quotient'는 금융 지능을 의미하는 지수로, 금융지식, 금융행위, 금융태도의 세 가지 항목을 종합적으로 측정해 개인의 금융 이해력을 평가한다. 단순히 용어나 상품을 아는 차원을 넘어, 실제 생활 속에서 금융을 어떻게 활용하고 있는지를 보는 지표다. 이는 단순한 경제 지식보다 훨씬 중요한 '삶의 내공'과도 같다.

우리는 돈을 버는 데 대부분의 시간을 쏟으면서도, 정작 돈을 다루는 기술에 대해서는 거의 배우지 못했다. 학교는 금융 문해력을 가르쳐주지 않고, 부모 세대도 체계적인 경제교육 없이 생활 속에서 경험으로 돈을 관리해왔다. 그 결과 대부분의 사람들은 금융에 대해 어설픈 지식을 지닌 채로 사회에 내던져진다.

재테크 열풍이 불 때마다 사람들은 급하게 주식이나 부동산에 뛰어들지만, 준비 없이 시작한 투자는 대부분 실망으로 끝난다. 이때 필요한 건 높은 수익률이 아니라 기본적인 금융 문해력이다. 자신의 소득과 지출 구조를 이해하고, 장기적으로 안정된 자산을 설계할 수 있는 기초체력 말이다. FQ는 바로 이 토대를 점검할 수 있는 거울이다.

결국 우리는 돈이 없어서가 아니라 '돈에 대한 감각'이 없기 때문에 불안하다. 같은 소득 수준이라도 금융 감각이 있는 사람은 삶을 계획할 수 있고, 없는 사람은 매일을 버티는 데 급급해진다. 금융을 이해하는 일은 성장을 위한 토대의 하나로 생존의 스킬이자 나를 지키는 방패다.

특히 지금은 불확실성이 극단적으로 커진 시대다. 연금제도는 불안정하고, 부동산은 금액 수준이 크며 위험부담도 작지 않고, 신뢰할 수 없으며, 일자리의 수명도 짧아지고 있다. 이런 상황에서 금융 감각은 더 이상 선택이 아니라 필수다. '안정된 토대 위에 삶을 짓기 위해' 우리에게는 FQ라는 나침반이 반드시 필요하다. 금융을 이해하고 다루는 힘은 삶을 스스로 경영하고, 미래를 준비하며, 불확실한 시대 속에서도 흔들리지 않는 '내적 안정'을 확보하는 일이다. 넉넉함이란 통장의 잔고만이 아니라, 불안 앞에서도 흔들리지 않는 마음이다.

운도 영향을 준다

경제를 바라보는 눈은 그야말로 백인백색이다. 한 집안에 자란 형제끼리도 다르고, 친한 친구라 해도 출발은 비슷할지언정 시간과 방향에 따라 엄연한 차이가 난다. 비슷한 환경에 같은 경제교육을 받아도 각자의 습관, 환경, 성격, 타고난 본성 등으로 결과는 큰 차이를 드러낸다. 흔히들 큰 성공을 이룬 이들이 운칠기삼이라고 하며, 운이 7할이고, 노력이 3할이라고 말하며 겸손한 모습을 보이곤 한다.

『명심보감』「성심편」에도 유사한 문장이 있다. '대부유천 소부유근'이라 하며, 큰 부자는 하늘에서 내리고, 작은 부자는 근면에서 나온다고 하였다.

어떻게 운을 불러들일 것인가

모두가 큰 부자가 될 수는 없다. 하지만 큰 부자가 될 수 있는 기반이 되는 운을 기를 수는 있다. 어떤 방법이 있을까?

우선 타인의 의사결정에 관여하지 마라. 특히 남에게 돈을 어떻게 써야할 것인지를 간섭하지 말아야 한다. 돈을 어떻게 쓸 것인가는 그 사람의 자유이므로 자신의 선택으로 결정하도록 하면 된다. 만약 조언한 이가 돈을 잃을 경우에는 좋은 의도의 조언이 원망으로 돌아올 수도 있다. 누군가 돈에 관련된 결정에는 눈을 감고 있는 편이 편하다.

둘째, 돈은 잘 쓸 줄 알아야 한다. 돈은 버는 것보다도 관리가 중요하다. 잘못된 관리로 일어나는 폐해는 일일이 나열할 필요도 없다. 물론 돈은 쓰는 것보다 절약하는 것이 중요하다. 그렇지만 결코 씀씀이가 인색해서는 안 된다. 스스로 제어할 수 있게 된 후 비로소 돈을 써도 결코 늦지 않다. 돈을 모으는 습관을 들이지 않으면 어려울 때 낭패를 보는 경우가 많다. 소비와 투자를 구별하는 눈을 기르자. 넉넉할 때 절약하고, 어려울 때는 궁색하지 않는 능력이 우리의 삶에서 필요하다.

하나의 정보에 매달려 경거망동하지 않는 것도 중요하다. 언제나 정보의 기반이 확실한지 확인하고 정보수집에 힘쓰라. 매혹적인 신규 정보보다는 미리 학습된 예측이 오히려 더 정확하다. 기본에 충실한 학습이 먼저 선행되어야 한다.

예를 들어, 한 나라의 역사 이야기나 성공스토리도 작가나 해석에 따라 다양하다. 그러나 원래 역사는 승자의 기록이 대부분이며, 약간의 오보성 해석도 가능하다. 경제적 관점 또한 이와 다르지 않다. 잃은 자는 말이 없다. 초조하면 분별력이 약해져 하나의 정보에 매달리게 되고, 순간적으로 큰 실수를 일으킨다.

마지막으로. 다른 사람의 돈에 의지하지 마라. "돈은 빌리지도 빌려주지도 마라"라는 유명한 격언이 셰익스피어의 『햄릿Hamlet』에서 나온다. 자기의 능력 밖 일들에 간섭할수록 삶을 고통스럽게 만드는 문제의 소지가 많아진다. 특히 친구, 가족 간의 금전거래에서 약속대로 이행하지 못할 때는 소중한 인연마저 잃게 된다. 성인이 되면 최

소한 경제적으로는 독립된 관계를 유지하는 것이 좋다.[4]

기초 없는 부는 없다

성장을 저해하는 수준으로 경제적인 능력이 없을 때, 사람은 피할 수 없는 절망감을 맛보게 된다. 그러나 어떤 경우라도 기본에 충실한 근면과 성실만 있다면 절망의 늪에서 빠져나올 수 있다.

경제적인 풍요만으로 행복을 살 수는 없다. 하지만 경제력이 없으면 오롯이 한 사람의 몫으로 행해야 하는 일들이 부담으로 다가오기에 속상한 일들을 많이 겪게 되며, 설령 좋은 기회가 찾아와도 시도조차 하지 못한 채 눈물을 흘릴 수밖에 없다.

경제적인 기초를 탄탄하게 하면 삶의 개선이 수월해지고, 그만큼 두려움 또한 작아진다. 찾아오는 성장의 기회에도 적극적으로 다가가 남들보다 기초를 구축하기

---

4 김승호 지음, 『돈의 속성』 스노우폭스북스, 2020

수월해진다. 이렇게 쌓은 부는 '불안완화제'의 역할은 물론 '회복탄력성resilience'에 있어서도 영향을 준다.

기회를 놓치지 않는 경제적 기초를 쌓기 위한 몇 가지 방법을 소개한다. 첫째, 항상 비상금을 준비하라. 재화의 증식은 시간을 두고 천천히 이루어진다. 갑작스러운 일에도 능숙하게 대처하기 위한 최소한의 비상금을 마련하라.

둘째 목표를 정한 뒤 분별 있고, 흔들림 없는 투자를 지속해야 한다. 앞서 말했듯이 자극적인 신선한 경제 소식보다 오히려 느리고 오래된 경제적 지식을 통해 분별의 눈을 기를 수 있다.

셋째, 소비 때문에 빚져서는 안 된다. 소비로 인해 대출 등을 고려하는 것은 지출의 밸런스가 깨졌다는 명백한 증거다. 그만큼 대출은 신중하게 결정하는 것이 옳으며, 대출의 이유가 단순한 소비가 되어서는 더더욱 안 된다.

마지막으로, 언제나 다양한 소비에 있어서 '정당한 대가를 치른다'는 감각을 익히자. 과도한 할인을 쫓거나, 실제 가치를 고려하지 않은 소비 습관은 결국 경제적 불균형을 초래한다. 자신이 무엇에 얼마를 지불하는지에 대한 감각은 곧 경제적 자존감과 연결된다. 돈을 쓰는 태도는 돈을 버는 태도만큼 중요하다. 작은 소비에서부터 '기초 있는 부'를 만드는 연습이 시작된다.

품격 있는 소비를 배워라

경제에 대한 감각은 어릴 때부터 가정에서 시작되어야 한다. 만약 백화점 장난감 매장에서 무조건 울고 떼쓰는 아이에게 휘둘리면 어떻게 될까? 이러한 일에 익숙해져 잘못된 경제 습관을 몸에 익힌 채 성인이 된 아이는 계획 없는 무분별한 지출로 인해 지각없는 소비의 습관을 갖게 될 것이다.

부모의 경제적 감각과 자식의 경제적 감각은 연결되는 경우가 많다. 과거 부모님 세대는 자식에게 최고의 교육을 제공하기 위해 열과 성을 아끼지 않았으며, 이러한 부모의 희생은 심지어 자녀 결혼식의 경제적 지원까지 이어지고 있다. 그러나 영원한 현역은 없으며, 이들 역시 은퇴 후 노후를 대비해야 한다.

어릴 적 기른 경제적 감각은 평생의 자산

자녀들이 부자가 되기를 바라지 않는 부모가 있을까? 하지만 아이러니하게도, 그렇게 생각하는 이들 모두가 자녀의 경제적 감각을 기르기 위해 애쓰지는 않는다. 하지만 어릴 적부터 몸에 익힌 경제적 감각은 자녀의 평생 자산이 된다. 자녀의 경제적 감각을 길러주는 법을 몇 가지 소개한다.

첫째, 돈은 스스로 버는 것임을 가르쳐라. 어릴 때는 돈의 속성을 알기 어렵다. 아주 어린 나이에 큰돈을 물려받은 이가 그 재산을 평생 그대로 지니는 경우는 드물다. 옛말에서도 '소년등과'라 하여 일찍 부와 명예를 얻는 것을 경계했다. 돈은 덕과 더불어 지닐 때 오래가고 더 불어나게 된다.

둘째, 정직함을 가르쳐라. 정직함과 큰돈의 관계를 의심할 수도 있다. 하지만 비록 정직하지 않고 좋은 두뇌와 아이디어로 잠깐 많은 돈을 벌 수 있을지언정, 그것은 일시적인 성공으로 언젠가는 반드시 대가를 지불해야 한다. 많은 기업의 사훈이 정도경영인 것은 결코 우연이 아니다.

셋째, 실패의 중요성을 가르쳐라. 세상 그 누가 자녀의 실패를 바라겠는가? 그러나 인생에서 실패만큼 값진 경험은 없다. 실패는 성공보다도 많은 것을 가르쳐준다. 실패는 지혜로운 대처능력, 철저한 준비과정, 실패의 범위 축소, 등의 다양한 경험과 교훈을 주고, 실전의 학습에 중요한 의미를 부여한다. 심지어 실패 없는 성공은 진정성을 쉽게 잃기도 한다.

넷째, 신용의 무게를 가르쳐라. 특히 자녀에게 약속을 꼭 지키는 습관을 들이도록 노력하라. 긴 삶에서 신용과 신뢰는 매우 중요한 자산이다. 언제, 어느 때, 어떤 상황에도 약속을 지키는 이는 신용을 얻는다. 이러한 신용의 가치는 자기와의 약속에서도 변함이 없다. 목표를 위해서, 성장을 꿈꾸며 자기와 한 약속을 지킨 이만이 꿈을 이룰 수 있다.[5]

---

5 김승호 지음 『알면서도 알지 못하는 것들』, 스노우폭스북스, 2020

품격 있는 소비는 곧 후회 없는 소비

2022년 말, 모건스탠리의 보고서에 따르면 한국은 미국, 일본, 유럽 주요 국가들을 제치고 1인당 명품 소비 세계 1위를 기록했다. 특히 20~30대 젊은 세대의 명품 구매 비율이 48.3%에 달한다는 금융감독원의 발표는 오늘날 우리의 소비 트렌드 변화를 단적으로 보여준다. 명품 매장 앞에 긴 줄을 서고, 한밤중부터 대기하며 한정판 제품을 사려는 모습은 이제 낯설지 않다.

물론, 명품 소비 자체가 문제는 아니다. 하지만 이러한 과열된 소비 양상은 단순한 '선호의 문제'를 넘어, 경제적 불균형과 소비 왜곡을 보여주는 사회적 징후일 수 있다. 과연 우리는 무엇을 위해 소비하고 있을까? 더 중요한 질문은, 그 소비가 진정으로 '나를 위한 것'이었는지, 아니면 '보이기 위한 것'이었는지의 차이에 있다.

정작 세계적인 불경기와 고물가 시대를 함께 살고 있는 우리나라의 행복도 순위는 OECD 33개국 중 32위에 머물러 있다. 이것은 소비의 총량과 삶의 만족도가 반드시 비례하지 않음을 다시금 상기시킨다. 충분히 가진 것

같아도 행복하지 않다면, 그 소비는 결국 허탈감으로 돌아오기 쉽다. 이제 '얼마나 많이 샀는가'보다 '어떻게 소비했는가'에 주목할 때다.

진정한 소비의 품격은 단순히 비싼 물건을 사는 데 있지 않다. 오히려 품격이란 검소하지만 초라하지 않고, 화려하되 사치스럽지 않은 태도에서 나온다. 이는 누군가를 따라 하는 소비가 아니라, 자신의 가치관과 삶의 균형을 반영하는 선택이다.

품격 있는 소비를 위해선 먼저 '필요'와 '욕망'을 구분하는 감각이 필요하다. 충동적인 소비는 순간의 만족을 줄 수 있지만 그만큼 후회로 이어지기 쉽다. 반면, 신중한 소비는 오랫동안 나를 지지하는 경험으로 남는다.

소비는 삶을 구성하는 중요한 태도인 동시에 개인의 '삶의 방향'을 드러내는 언어다. 우리가 각자의 방식으로 소비한 모든 선택들이 모여 한 사람의 품격을 만든다. 이제 소비를 통해 단순한 소유를 넘어 자신만의 내면과 취향, 그리고 삶의 철학을 표현해 보자. 후회 없는 소비는 늘 자신을 위한 소비에서 출발한다.

소통이 먼저다

삶을 살아감에 있어 소통의 어려움은 누구나 경험하는 것이다. 다른 조건, 환경에서 태어나고 자라난 우리는 각자의 다른 본성과 습관으로 끊임없이 갈등한다. 게다가 태생적인 차이의 갈등을 시작으로, 빠르게 성장한 부는 결과적으로 계급의 골을 더욱 깊게 만들었다. 오늘날 이러한 갈등은 개인 간, 세대 간 소통의 어려움을 더욱 가중시키고 있다.

알고리즘의 시대를 살아가는 우리는 자신이 보고 싶고 듣고 싶은 것만 보면서도 평생을 살아갈 수 있다. 하지만 이러한 다양성의 종말은 도리어 소통의 역설적 장애를 만들고 있다. 우리는 단순히 공감, 경청, 배려만으로 소통하거나 성장하지 않는다. 때로는 갈등, 불협화음, 실패를 이겨내는 과정에서 소통하며 성장한다. 우리들은 어디까지나 진정성의 감정이 녹아든 언어, 표정으로 이루어진 배려, 공감, 경청을 통해 진정 소통할 수 있다.

극단적인 생각이 불통을 만든다

오늘날 두 쪽으로 나뉘어 갈라진 이념의 격차는 생각보다 심각하다. 그만큼 소통의 길은 아득하고 점점 더 험난한 길로 들어서는 듯하다. 걱정의 목소리는 크지만 자성의 목소리는 아득하다.

어느 설문조사에 따르면 대한민국 국민의 약 40%가 '정치성향이 다른 사람'과 같이 있는 것이 불편하다고 한다. 이런 정치적 격차는 세대·지역·성별 격차를 제치고 가장 높이 나타난다. 40.7%의 국민이 정치 성향이 다른 사람과 식사 또는 술자리도 불편하다고 하며, 43.6%는 본인 또는 자녀의 결혼에 있어서 정치 성향의 차이가 나타나는 것을 내켜하지 않는다고 한다. 심지어 소개를 받아 맘에 들어도 이념이 다르면 더는 주선하지 않는다고 한다. 지금도 여전히 광화문 광장에서는 일 년의 반 이상이 넘게 어느 날은 이쪽, 또 어느 날은 저쪽에서 확성기 소음이 그칠 날이 없다. 소통이 해결책이라는 말은 공허하여 이를 믿는 사람은 아무도 없다.

이런 현상이 비단 우리나라만의 문제는 아니다. 미국 역시 대선을 앞둔 당시 이념이나 정치적 성향에 따른 갈등이 심각하였다. 유명 여배우 줄리아 로버츠는 미 대선을 앞두고 "남편 몰래 해리스에게 투표하자"는 광고를 내보냈고, 이에 폭스뉴스의 진행자는 '사실상 불륜 아니냐'라고 반박하기도 했다.

이처럼 뿌리 깊은 종교 갈등과 이념의 격차는 소통의 어려움을 야기하는 것을 넘어 사회문제로 대두되고 있다. 심지어 오늘날에는 소셜 미디어의 사용이 늘면서 자기 성향에 맞는 콘텐츠를 끊임없이 재공급 받아 세뇌되고, 경향성이 더욱 굳어지고 있다. 결과적으로 '나는 맞고 너는 틀렸다'라며 상대를 적으로 규정하는 '적화 증후군$_{enemyfying\ syndrome}$'으로 발전하기까지 한다.

소통으로 사회적 아비투스 형성하기

타인과의 관계 속에서 살아가는 우리는 여전히 갈등한다. 그리고 이 갈등은 소통하여 해결해야만 비로소 사회적 아비투스가 형성되며, 이를 기반으로 인간은 더욱 발전할 수 있게 된다. 공동의 관심사나 열정을 공명하며, 친밀감을 주고받아 화합의 길로 들어설 때 우리의 사회는 성장한다.

그렇지만 더불어 관계망으로 협력을 한다 해도 모두가 올바른 관계를 가질 수는 없다. 여전히 몇몇은 만장일치를 완벽한 합일이라 자랑하며 의견 차이나 다양성에 대해서는 인색하다. '내'가 '우리'와 다를 때는 불안해지기까지 하다. 이런 현실에서 진정한 소통은 참으로 버거운 과제이지만, 그럼에도 우리는 몇 가지 방법으로 더 나은 소통을 위해 노력해볼 수 있다.

의사소통능력을 키우는 방법으로는 무엇이 있을까? 첫째, 유사성의 법칙이 있다. '비슷하면 끌린다'라는 말처럼, 같은 성향을 보이는 이에게 우리는 쉽게 호감을 가진다. 둘째 '숙지성의 법칙^{Exposure Effect}'이다. '자주 보면 정 든다'는 말처럼 어색한 이라고 해도 자주 접하면 보다 긍정적 감정이 생기게 된다. 셋째 '메라비안의 법칙^{The Law of Mehrabian}'이 있다. '여러 말보다 한 번의 미소가 중요하다'는 말을 아는가? 인간은 상대를 판단할 때 시각을 55%, 청각을 38%, 언어를 7% 활용한다고 한다. 언어(말)보다 비언어(표정과 몸짓)가 더 중요한 셈이다. 넷째 '상호성의 법칙^{Law of Reciprocality}'이 있다. '가는 정이 있어야 오는 정도 있다'는 말처럼, 상대에게 호의를 베풀 때 우리는 비로소 보답을 받을 가능성을 얻게 된다. 다섯째 '개방의 법칙^{Law of Openness}'이다. 나의 다른 모습이나 상대의 다른 점을 공유할 때 서로 간의 친밀도는 높아지게 된다.

그렇다면 소통에서 가장 중요한 한 가지는 무엇일까? 예로부터 이청득심^{以聽得心}이라 하여, 귀 기울여 경청하는 일은 사람의 마음을 얻는 최고의 지혜라고 하였다. 신은 우리에게 하나의 입, 두 개의 귀를 주었다. 이는 많이 듣고 적게 말하는 경청을 위함이 아닐까? 결국 소통은 타인을 진심으로 존중하고 위하는 가슴 속 진정성에서 나오는 법이다.

커뮤니티를 확장하자

어느 정도 나이가 들면 어쩔 수 없이 부족한 자신의 아비투스를 짐작할 수 있게 된다. 아비투스란 나를 이루고 있는 사회적 성과의 결과이자 교양, 인격, 품격, 부의 척도 표현이라 할 수 있다.

아무리 능력이 뛰어나고 부를 갖추었다고 해도 혼자의 힘으로는 성공할 수 없다. 갈수록 개인주의가 팽배해져가는 시대이지만, 이럴 때일수록 홀로 어떤 일을 완수하기보다 타인의 힘을 인정하고, 또 긍정할 수 있는 능력을 길러야 한다.

크게 이루려면 함께 가라

개인의 실력도 중요하지만 인맥의 중요성을 결코 무시할 수는 없다. 인맥이란 당장 눈에 보이는 직접적 자산은 아니지만 자아실현의 촉매제 역할을 해줄 수 있다. 하버드대학교 출신인 빌 클린턴 전 미국 대통령은 성공의 첫 번째 요소로 "인간관계를 잘 맺고 이를 유지하는 것이다"라고 말하기도 했다.

커뮤니티의 힘은 생각보다 강하고 끈끈하다. 어릴 때부터 상류층의 행동방식을 보고 배우며 보호받고 자란 이는 그만큼 좋은 미래를 보장받을 수 있는 아비투스를 수월하게 익힐 수 있다. 그들에게는 행동 깊숙이 내장된 그들만의 프로그램이 존재한다. 상속을 인정받은 후손들은 최고의 교육 정신을 기반으로 평범한 경쟁자보다 조직 속에서 뛰어난 보직을 얻어 눈에 띄는 역할도 일임하곤 한다.

그렇지만 제아무리 좋은 교육, 큰 경제력을 가졌다 해도 개인이 가꾼 아비투스의 결과물은 천차만별이다. 우리는 최상류층 가정에서 태어났으나, 본인의 잘못된 실수로 쌓아온 커뮤니티를 하루아침에 무너뜨리고 회생 불가능한 피해를 입는 경우도 종종 만나곤 한다. 본인의 노력과 실력으로 어느 수준의 사회적 자본을 소유할 수는 있겠지만, 보이지 않는 단단한 유리천장을 뚫기까지는 본인의 숨은 노력과 연결되어 있는 커뮤니티의 역할이 필요하다.

일상생활에서 자신과 타인의 감정, 사고, 행동 등을 이해하고, 이를 바탕으로 적절한 행동을 할 수 있는 일종의 적응 능력을 '사회적 지능Social Quotient'이라 한다. 에드워드 손다이크Edward Thorndike가 발표한 개념인 사회적 지능은 타인에 대한 인지적 평가와 타인의 행위 중심의 조화로 이를 규정하였다. 타인의 성격적 특성을 통찰하는 능력과 일시적 기분, 행동 등의 빠른 판단으로 생활 속에서 잘 어울릴 수 있는 능력이 있다면 사회적 지능이 높다고 말할 수 있다.

우리는 비슷한 아비투스를 지닌 집단에서는 그들과 비슷한 언어를 쓰고, 적절하게 우아하며, 비슷한 취미와 동질의 성향을 보이려 한다. 우리는 노력을 통해 그들의 문에 진입하려 하지만, 진정 그들을 이해하고 동질의 아비투스로 만드는 일까지는 시간이 걸린다.

커뮤니티 환경에 적응하는 자세

아비투스가 높은 집단일수록 순응하지 않는 이를 엄하게 배제한다. 만약 커뮤니티를 확장하고 싶다면 타인을 비판하지 말고 그들과 동화되기 위해 인내심을 가지고 노력해야 한다. 동질감을 느낄 때까지 새로운 환경에 자신을 맞춰라.

나의 취향을 그들과 비슷하게 되기 위해 노력하라. 적절한 아비투스의 근력을 키워야 한다. 연결된 커뮤니티를 유지하기 위해서는 그만큼 꾸준한 관리가 중요하다. 무언가 수확하려 한다면 먼저 그 씨앗을 뿌려야 한다. 그렇다면 나만의 커뮤니티를 확장하기 위한 구체적인 방안으로는 무엇이 있을까?

가장 먼저 외부에 드러나는 모습을 가꾸는 방법이 있다. 나의 개성과 아비투스를 표출하기 위해 말투, 옷차림, 성격, 생각, 취향 등을 드러내는 것은 그만큼 주변을 끌어당길 수 있는 좋은 방법이다. 이미지나 언행 등에 거부감을 주지 않는 적절한 표현은 그만큼 다른 사람을 편안하게 만들어 준다. 분위기에 맞는 옷차림과 깔끔한 매너, 품격 있는 언어 사용 등으로 자신의 아비투스 근력을 만들어 가야 한다. 간혹 유별나게 튀는 의상이나 액세서리 등을 잘못 사용함으로써 역효과를 낼 수도 있으나, 우리에게는 때때로 세련되고 TPO^{Time Place Occasion}에 맞는 적절한 자기 표출이 필요하다.

그렇다면 우리는 커뮤니티에서 자리를 잡기 위해 어떤 역할을 할 수 있을까? 보다 많은 사람에게 다양한 자신의 능력을 보여줌으로써 '조화롭다', '리더십이 있다', '책임감이 있어 보인다' 등의 인식을 주는 것이 중요하다.

오늘날에는 커뮤니티 구축에 있어 끼리끼리의 한민족 문화를 넘어서 외국인의 접촉도 중요해졌다. 전국 어디라도 외국인은 쉽게 만날 수 있고, 수도권에 아름다운 산을 안고 있는 우리 관광재단의 외국인 전용 등산 클럽^{Climbing in Korea}에는 이미 1만 6,000명이 활동 중이다. 비록 능숙한 외국어 수준이 아니더라도 친절하고, 성숙된 배려의 정신으로 커뮤니티의 확장을 기대할 수 있다.

커뮤니티에 잘 녹아드는 사람들의 특징 중 하나는 '상황을 읽는 능력'이 있다는 점이다. 말이 많거나 앞서 나가는 것보다 중요한 건, 언제 말하고 언제 멈춰야 할지를 아는 눈치이다. 커뮤니티에는 각자의 리듬이 있고, 보이지 않는 규범이 존재한다. 이런 흐름에 맞춰 자신을 조율할 줄 아는 사람만이 공동체의 신뢰를 얻는다. 그리고 그런 신뢰는 곧 더 깊은 연결과 더 넓은 기회의 기반이 된다. 좋은 커뮤니티는 성장의 튼튼한 토대도 될 수 있다.

여러 사람들과 머리를 맞대어 소통하고 힘을 모으면 더 큰 지혜와 힘을 발휘할 수 있다. 게다가 커뮤니티를 키워나갈수록 그만큼 더 많은 친구가 생기고, 그들은 곧 좋은 인맥의 구성원이 되어줄 것이다. 간혹 온라인 등의 무차별적 동우회나 모임들이 난무하고 있지만, 가능한 한 품격을 갖추고 누구에게도 부끄럽지 않은 교류를 하라.

미성재구 악성불급개(美成在久 惡成不及改)

『장자(莊子)』「내편(內篇)」

좋은 일이 이루어지려면 오랜 시간이 걸리지만, 나쁜 일은 순식간에 이루어진다.

Chapter V
성장(成長)

남다른 개성을 잃지 마라

개성은 곧 그 사람의 향기와도 같다. 아름다운 이가 떠나간 자리에 남아 있는 여운을 우리는 오래 기억한다. 이렇게 습관, 취향, 성향은 기억에 오래도록 남는, 다른 사람과는 구별되는 요소이다. 몸과 머릿속에 체화된 아비투스는 나의 개성으로 자리 잡아 외부로 표출시킬 수 있으며, 환경이나 사회적 여건에도 쉽게 동화되지 않고, 환경적 흔들림도 작다.[6]

---

6 피에르 부르디외 지음, 최종철 옮김, 『구별하기』 새물결출판사, 2006 P14

우리의 특성이 세계의 개성으로

우리는 예로부터 흥이 많고 창의적이며, 멋을 부릴 줄 아는 문화민족이었다. 심지어 역사의 아픔 속에서도 풍류를 즐기고 결기를 지켜왔다. 여전히 우리는 전통이나 풍습을 보존하고 각 집안만이 가지는 가풍을 중시하여, 그 맥을 지켜오고 있다. 또한 우리 민족에게는 신바람의 유전자가 있다. 이런 문화적 토양 위에서 형성된 우리 고유의 개성은 이제 더 이상 지역에만 머무르지 않는다. 우리의 신바람 유전자는 K-팝으로 말미암아 전 세계에 잠재된 개성을 마음껏 뽐내고 있는 중이다.

우리의 전통적인 감성은 현대적 감각과 결합되어, 세계인의 공감과 감탄을 이끌어내는 콘텐츠로 확장되고, 고유성과 보편성의 균형 속에서 더욱 독창적인 가치로 거듭나고 있다.

그렇다면 오늘날 우리의 문화는 어떤가? 얼마 전 뮤지컬 「어쩌면 해피엔딩Maybe Happy Ending」은 미 연극·뮤지컬계의 아카데미상으로 불리는 '토니상'에서 작품상을 포함한 6관왕을 차지하며 K-뮤지컬의 새로운 역사를 썼다.

이는 국내 초연작으로 미국 브로드웨이에 진출하여, 처음으로 토니상을 받은 것이므로 의미가 크다.

K-팝, K-푸드와 더불어 우리의 문화는 어디에서나 만나볼 수 있는 익숙한 상품이 되어 세계의 주목을 받고 있다. 게다가 여러 분야의 파생적 상품은 수출의 효자 상품 역할을 하고 있다. 우리 문화는 다양한 개성을 드러낸 작품으로 취향이나 안목에 따라 선호도가 달라진다는 평도 들었지만, 오늘날에는 다양한 장르에서 폭넓은 이해와 다양한 특성이 세계의 개성으로 지지를 받으며 우리의 성장에 견인차 역할을 하고 있다.

이처럼 문화를 통해 우리는 스스로의 행복감, 품격, 교양 등을 풍부하게 성장시킬 수 있다. 오늘날 교육 수준의 향상, 정보화의 빠른 확산, 노년층의 수명 연장 등으로 문화적 자산은 곧 누구라도 수용 가능한 개인의 정신적 자산으로 표출되고 있다. 길어진 삶 속에서 다양한 문화적 취미생활, 영화 관람, 운동, 독서, 여행 등은 남녀노소의 공통적 아비투스로 더욱 발전하게 될 것이다.

더 나은 개성을 위한 안목 기르기

문화는 자연스럽게 체득되는 동시에 훈련을 통해 가꾸어지는 영역이다. 개성 역시 마찬가지다. 타고난 성향은 존재하지만, 후천적 노력과 경험을 통해 다듬어지고 정제된다. 특히 안목은 개성의 깊이를 결정짓는 중요한 요소로, 나만의 매력에 설득력을 더해준다.

"매너가 사람을 만든다$^{Manners\ Maketh\ Man}$"라는 대사로 유명한 매튜 본 감독의 영화 「킹스맨」에서는 "인간은 교육을 통해 지금보다 더 나은 존재가 될 수 있다"라고 하며, 사회의 인위적 노력을 통해 '사람다운 사람'으로 만들어질 수 있다는 대사가 나온다. 부르디외 역시 문화적 아비투스의 실천적 태도가 되는 '매너', '취향', '안목' 등으로 구분을 하고 있는데, 특히 '매너'는 상대에 대한 배려와 인식의 표출이 가능해 그를 기반으로 교육 수준, 성격, 인격 등을 파악할 수 있다.

서거한 영국의 여왕 엘리자베스 2세는 격식을 중시했다. 특히 그녀는 패션의 정치적 역할을 잘 알았던 여왕이었다. 70년간 통치한 그녀는 옷으로 왕가의 권위를 높이고, 정치적 의사를 표시했으며, 국민을 결집시켰다. 그녀는 몸에 밴 안목으로 고령의 나이에도 모자, 장갑 등으로 윈저가의 권위와 힘을 보여주며 왕가의 존속과 권위를 위해 클래식한 패션을 고수했다.

CNN은 "엘리자베스 2세가 남긴 많은 유산 가운데 하나는 '어떻게 옷이 국가를 결집할 수 있는가'를 잘 보여줬다는 것"이라며, 전략적 패션으로 외교적 평가를 높이고, 품위와 높은 개성을 빛나게 했다고 보도했다.

개성이란 백인백색이라 하여 저마다 다른 법이다. 그러나 개성의 평가는 상대방에 의해 결정되는 것이므로 한 번 각인되면 다시 회복하기까지는 시간이 소요된다. 따라서 처음부터 나만의 개성으로 평가될 수 있는 이미지 형성에 신경을 쓰는 것이 좋다. 부족하면 나의 능력과 품격이 저평가되고, 과하면 부담으로 다가올 수도 있으니, 균형 잡힌 감각을 기르는 것이 무엇보다 중요하다.

언어는 성장의 도구

언어는 개인의 아비투스를 넘어 빠른 시간 안에 연결되며 확장하는 힘을 지닌다. 언어의 힘은 우리의 잠재의식에 스며들어 행동으로 드러나고, 이는 성격 형성에 영향을 주며, 나아가 삶의 방향을 결정짓는 중요한 요소가 된다. 언어는 인간만이 사용할 수 있는 고유한 사고의 도구이기에, 함부로 내뱉은 말이나 품격 없는 언어는 쉽게 후회로 이어질 수 있다. 특히 유년기의 언어 모방 능력은 성인보다 훨씬 빠르고 민감하기에 더욱 세심한 주의가 필요하다.

외국어, 성장의 도구

최근에는 어린 시절부터 외국어에 노출되는 일이 흔해졌고, 모국어를 완전히 익히기도 전에 외국어 수업을 병행하는 아이들 역시 많아졌다. 번역기 등의 기술이 과거에 비해 외국어에 대한 두려움을 줄여주긴 했지만, 정확한 언어 사용은 여전히 문화적 아비투스를 드러내는 중요한 표현이다. 특히 문해력, 문맥 이해, 정확한 해석력은 단순한 의사소통을 넘어서 개인의 사고력과 품격과 교양을 가늠하는 기준이 되기도 한다.

외국어는 사용자의 학력, 교양, 태도에 따라 다르게 체화된다. 코스모폴리탄^{Cosmopolitan}의 국제적 활동가가 아니더라도 다양한 언어 습관을 갖는 것은 개인의 아비투스를 풍요롭게 해준다. 특히 젊은 세대가 선망하는 노마드^{Nomad}의 자유로운 삶을 살아가기 위해서는 다채로운 언어 환경이 큰 성장의 도구로 요구되고 있다.

최근 국내에서도 다문화 사회로의 전환이 가속화되고 있으며, 특히 표의문자인 한자의 사용이 다시금 주목받고 있다. 중국, 일본, 대만, 베트남 등 한자 문화권 인구는 우리가 생각하는 것보다 훨씬 많으며, 서양에서도 과거부터 차이나타운을 통해 한자에 익숙해진 실정이다.

우리나라 내 다문화권은 통계층에 의하면 2023년 약 120만 명으로 확인되며, 국제결혼의 인구도 전체의 10.3%로 10쌍 중 1쌍이 다문화부부가 탄생되고 있다. 이에 따라 자연스레 다문화 학생 수도 꾸준히 늘어나고 있는 추세로, 언어의 국제화는 마땅한 현상이라 할 수 있다.

그러나 우리의 현실은 어떠한가? 2011년 성균관대학교 한문교육과 이명학 명예교수가 서울 거주 30~80대 부모 427명을 조사한 결과, 절반에 가까운 47.8%가 자녀 이름을 한자로 쓰지 못했다. 그는 "지금은 한자를 모르는 기성세대가 더 많아졌을 것"이라 말했다. 경기 용인의 조재범 교사는 "강남이나 분당 등 교육 환경이 좋은 지역 아이들은 사교육 등을 통해 한자와 어휘력을 보충하고 있어 큰 문제가 없다"고 언급했다. 이는 문해력의 격차가 곧 교육 격차로 이어질 수 있음을 보여준다.

외국어를 익힌다는 것은 단순히 단어와 문법을 외우는 걸 넘어, 다른 세계의 사고방식과 문화를 이해하고 받아들이는 일이다. 새로운 언어를 통해 우리는 낯선 문화와 생활을 엿보며, 자기중심적 사고에서 벗어나 사고의 폭을 넓힐 수 있다. 외국어는 단지 취업이나 진학을 위한 수단이 아니라, 스스로를 다르게 바라보게 만드는 하나의 창이자, 타인을 깊이 이해하기 위한 다리가 된다. 언어를 통해 세계와 소통하는 행위는 결국 자기 성장의 중요한 계기가 된다.

다양한 언어를 이해하고 활용하는 능력은 이제 선택이 아닌 필수가 되었다. 언어는 단순한 도구가 아니라, 사고의 깊이와 삶의 가능성을 확장시키는 성장의 원동력이 될 수 있다.

언어는 품격의 기준

문화적 아비투스는 언어적 표현에서 뚜렷하게 드러난다. 단어의 선택, 말투, 어조, 억양, 속도, 표현 방식 등은 단지 전달을 위한 수단을 넘어서, 화자의 교양, 연령, 교육 수준, 인격을 자연스럽게 드러낸다. 결국 우리는 '어떻게 말하는가'를 통해 '어떤 사람인가'를 평가받는다. 어설프고 무의미한 말보다는, 때로는 품위 있는 침묵이 더 큰 메시지를 전달할 수도 있다.

최근 들어 우리는 언어로 인한 세대 간 격차를 자주 체감하게 된다. MZ세대는 한자에 익숙하지 않고, 중장년층은 신조어나 줄임말에 어려움을 겪는다. 언어의 단절은 단순한 표현의 차이를 넘어 세대 간 이해와 소통의 장벽이 되기도 한다. 그러나 신조어나 유행어의 범람 속에서도, 나이 든 이들의 우아하고 절제된 언어에는 오랜 삶의 지혜와 품격이 배어 있음을 느낄 수 있다.

우리 한글은 과학성과 실용성을 겸비한 세계적으로도 드문 문자다. 1997년 유네스코 세계기록유산으로 등재된 한글은 어떤 언어의 소리를 그대로 표기할 수 있으며, 창제된 배경마저 체계적이고 목적 지향적이다. 그러나 외국인의 입장에서는 받침 구조나 존댓말 체계가 복잡하게 느껴져 한글 습득에 어려움을 겪는 경우도 있다.

문제는 언어의 우수성이 아니라, 그 언어를 사용하는 우리 스스로의 태도다. 최근 줄임말과 신조어의 남용은 결국 소통의 단절을 초래할 가능성도 있다. '오빠'를 영어로 표기한 'Oppa'는 2021년 영국 옥스퍼드 대학에서 출간한 영어사전에 등재되고, 또한 2023년 미국지식문답 사이트 쿼라[Quora]에 오빠라는 단어는 한국인들이 손위 남자 형제란 뜻의 오빠라는 의미인데, 한국인들은 젊은 남자에게 오빠라고 부르는 것이 이상하지 않느냐?라는 질문이 등록되어 있다. 외국 커뮤니티에서 그 의미가 오해되는 상황은 단순한 유행을 넘어 언어 왜곡의 사례로 볼 수 있다.

언어는 생각을 담는 그릇이자, 사람됨을 드러내는 방식이다. 우리는 왜 그토록 바쁘게 말의 생략과 왜곡을 반복하고 있는가. 품격 있는 말, 명료한 표현, 절제된 언어야말로 진정한 성장을 위한 기초가 되어야 한다.

최고의 미덕은 겸손

겸손은 배려인 동시에 나를 내려놓는 자기수양의 행위이다. 또한 겸손은 자만하지 않고 공손하며 예의 바른 자세를 뜻한다. 물론 불리한 위치에 놓인 이의 겸손은 종종 생존을 위한 아부로 오해받기도 한다. 그러나 유리한 위치에 있거나 충분한 여유가 있는 사람의 겸손은 그 자체로 존중받을 만한 행위이며, 곧 상대에게 편안함을 주는 미덕이 된다.

글로벌 컨설팅 기업 맥킨지&컴퍼니의 비크람 말호트라 미주 총괄회장은 한 인터뷰에서 "조직 문화를 혁신하는 과정에서 중요한 것은 다른 사람을 섬기는 겸손과 경청이다"라고 말했다. 겸손은 오만하지도, 비굴하지도 않은 상태로, 자신감과 자기애가 바탕이 된 성숙한 품성이다. 타인을 존중하는 태도는 리더십의 본질이며, 그것은 결국 자신에 대한 믿음에서 비롯된다.

검소하지만 누추하지 않게, 화려하지만 사치스럽지 않게

동서고금을 막론하고 겸손은 최고의 미덕으로 꼽힌다. 우리 사회에서의 겸손은 단지 인격적 덕목을 넘어, 미적 기준이 되기도 한다. 겸양은 중용의 태도이자 삶의 안목으로 이어진다. 『삼국사기』「백제본기」 온조왕 15년에는 백제 궁궐을 짓고 "검이불루 화이불치"라 했다. '검소하지만 누추하지 않고, 화려하지만 사치스럽지 않았다'는 말이다.

이 고전적 표현은 오늘날 우리가 지향해야 할 아비투스의 이상적인 모델이기도 하다. 인간의 겸손은 이런 미적 감각처럼 모든 관계를 부드럽게 만들고, 타인의 마음을 열게 한다. 특히 사회적 지위가 높고 배움이 많은 사람의 겸손은 더욱 감동을 준다. 알고 있지만 실천은 어려운 '검이불루 화이불치'의 정신은 우리의 성장이 지향하는 현대 사회에도 절실하다.

영국의 엘리자베스 2세 여왕은 위기가 닥쳤을 때 오히려 겸손함으로 국민의 신뢰를 얻었다. 즉위 6년 차에 여론이 최악으로 치달았을 때, 그녀는 신랄한 비판을 가한 편집인을 직접 만나 그의 조언을 경청했다. 이후 문턱을 낮춘 왕실 개혁을 시도했고, 겸손한 수용은 결국 왕정에 대한 존중을 회복시켰다. 이후 엘리자베스 여왕은 관용과 절제, 책임을 갖춘 국가 원수로 자리매김했다. 부와 권력을 가진 자의 겸손은 단순한 미덕이 아닌, 리더십의 핵심으로 작용할 수 있음을 보여주는 사례다.

이처럼 검소함은 단순히 소비를 줄이는 행위가 아니라, 삶의 본질에 집중하는 태도다. 불필요한 과시를 줄이고, 외형보다 내실을 다지려는 사람은 자기 자신을 성찰하고 성장시킬 수 있는 여지를 지닌 사람이다. 물질에 휘둘리지 않는 태도는 곧 자기 인식의 힘이며, 그것은 겸손이라는 덕목과 맞닿아 있다. 이런 태도는 학습과 성장을 지속하려는 사람에게 반드시 필요한 기초 체력이다.

한 사람의 미적 감각과 태도는 그가 살아온 삶의 밀도에서 나온다. 검소하지만 누추하지 않고 화려하지만 사치스럽지 않은 태도는 단순한 절제의 결과가 아니다. 그것은 경험을 통해 다듬어진 안목이며, 타인의 시선을 의식하기보다 스스로의 기준을 세우려는 내면의 힘이다. 이러한 내적 겸양과 절제는 결국 더 큰 자리로 나아가기 위한 준비이며, 성숙하고 단단한 사람으로 성장하기 위한 밑거름이 된다.

겸손은 자신감과 여유의 상징

넉넉하고 품격 있는 사람은 겸양의 의미를 본능처럼 알고 실천한다. 겸손은 부족함이 아닌 충분함에서 비롯된다. 자신을 과시할 필요가 없을 만큼 단단한 사람만이 겸손을 품을 수 있다. 그런 사람은 나이와 지위, 세대와 무관하게 누구에게나 존중받고 환영받는다.

실제 삶에서도 우리는 이런 여유로운 겸손을 통해 따뜻한 장면을 마주하곤 한다. 지하철에서 한 할머니가 자리를 양보하려는 학생에게 "나는 놀다가 가는 길이야. 아침부터 힘들었을 텐데 앉아가렴"이라며 사양하는 모습은 단순한 말 이상의 울림을 준다. 관용과 배려, 그리고 여유는 모두 겸손에서 비롯된다. 그렇게 쌓인 경험과 태도는 곧 그 사람의 품격이 된다.

겸손은 타인의 이야기를 듣는 데서 시작된다. 타인의 말에 귀를 기울이는 사람은 더 넓은 세상을 본다. 특히 토론이나 대화에서 겸손하게 의견을 조율하고 양보할 줄 아는 이는 오히려 더욱 신뢰를 얻는다. 반면 강한 주장만을 고집하고 어떻게는 이기려는 태도는 오히려 자신을 작게 만들 뿐이다. 타인을 설득하려면 먼저 나를 낮추는 법을 알아야 한다.

무엇보다 겸손은 사람을 성장하게 한다. 성장의 본질은 변화와 수용에 있다. 내가 틀릴 수도 있음을 인정하고 배우려는 태도를 가지는 것. 그것이 겸손의 핵심이다. 겸손한 사람은 실패를 두려워하지 않고, 피드백을 기꺼이 받아들인다. 결국 겸손은 새로운 배움과 기회를 열어주는, 가장 강력한 자기성장의 도구다. 높이 오르기 위해선 낮게 엎드릴 줄 아는 사람이 되어야 한다.

겸손은 타인을 세우는 동시에 자신을 단단하게 만든다. 진정한 리더는 자신이 중심에 서기보다, 타인이 빛날 수 있도록 자리를 마련해 주는 사람이다. 그런 자세는 결코 약함이 아니라, 자신감과 성숙함에서 비롯된 선택이다. 특히 팀을 이끄는 자리나 다양한 세대와 소통해야 하는 역할에선 겸손이야말로 갈등을 줄이고 협력을 이끄는 최고의 무기다. 겸손을 품은 사람은 어디서든 존중받고, 시간이 지날수록 신뢰를 쌓아간다. 그리고 그 신뢰는 곧 그 사람의 성장 자산이 된다.

혼자일 때 나아갈 수 있다

우리는 혼자일 때 무의식의 바다, 심연의 골짜기로 내려갈 수 있다. 아무 생각 없이 입력된 오래된 무의식은 나만이 알고 있는 습관으로 남고, 그것은 나만이 알 수 있는 원인과 과정을 통해 결과의 몫을 이해하게 돕는다. 인간은 함께 살아가는 존재이기에 완전히 홀로 살 수는 없다. 더불어 모여 있는 시간은 즐거움이 배가 되고, 속도도 빨라진다. 그러므로 '함께하기'와 '홀로서기' 사이의 거리 조절은 중요하다. 누구라도 삶이 공허하거나 단조로울 때는 타인의 온기를 필요로 한다. 그러나 혼자일 때 느끼는 결핍은 욕망을 또렷하게 인식하게 하며, 자기 자신에게 집중하게 만든다. 이 집중은 개인의 잠재된 아비투스를 발견하게 함과 동시에 그것을 성장의 동력으로 전환시키는 힘이 된다.

혼자만의 시간으로 성장의 길에 들어설 때

혼자만의 시간은 자신을 더 깊이 이해하게 해준다. 자신이 어떤 성향인지, 어떤 취향을 지녔는지, 어떤 상황에서 강점과 약점을 보이는지를 알아가게 돕는다. 그런 통찰은 혼자만의 정리된 시간, 안정된 마음가짐 속에서 더욱 빛난다. 그 순간, 내면의 문은 열리고 지혜가 스며든다. 아비투스의 근육은 그 속에서 조용히 강화된다. 연구실, 서재, 산책길처럼 혼자만의 공간과 시간 속에서 상상력은 창의성으로 피어나고, 논리적 사고는 숙성되며, 반성과 수정의 기회도 자연스럽게 찾아온다. 평온한 혼자만의 여유는 흔들리는 삶의 중심을 바로잡아준다.

그러나 많은 이들이 혼자 있는 시간을 두려워한다. 외로움과 고독의 시간은 때로 견디기 힘들고, 단조로움은 무기력함으로 연결된다. 그리하여 불필요한 자극에 휩쓸리고, 외부의 기대에 휘둘리며, 자신의 욕망과 자유를 스스로 억누르곤 한다. 니체는 인생에서 극복해야 할 대상은 타인이 아니라 자기 자신이라 했다. 자기 자신과 마주하는 용기, 고요 속에서의 성찰은 혼자의 시간을 통해 가능하다.

사람과의 관계에서도 균형은 중요하다. '불가근 불가원 '이라 하여, 너무 가깝지도 멀지도 않은 적당한 거리를 유지하라는 말처럼, 관계의 거리도 조율이 필요하다. 마음에 들면 쉽게 빠져들고, 가까운 사이일수록 상처가 오래 남는다. 지나친 회식이나 잦은 모임은 간혹 일시적인 즐거움 뒤에 후회나 감정의 찌꺼기를 남기기도 한다.

경제학의 '한계효용체감의 법칙'처럼, 반복되는 만남이나 자극은 점점 만족감을 떨어뜨린다. 처음엔 즐거웠던 관계도 시간이 지나면 피로해지고, 내면은 점점 소외된다. 모임과 커뮤니티도 삶의 일부이지만, 조용한 만남이나 혼자만의 시간은 그보다 더 깊은 안정감을 준다. 성장을 위한 길은 결국 내면의 소리에 귀 기울일 때, 혼자만의 시간 속에서 더욱 선명해진다.

혼자만의 시간은 삶의 리듬을 되찾는 데에도 중요한 역할을 한다. 자극과 속도에 중독된 일상에서 잠시 떨어져 나 자신과 대화하는 시간은, 생각을 정리하고 삶의 본질에 다가가는 계기가 된다. 따라서 빠르게 흘러가는 시대일수록, 홀로 지내는 시간은 더욱 소중한 자산이 된다.

혼자일 수 없다면 나아갈 수 없다

혼자서 집중하고 즐길 수 있는 일은 의외로 많다. 퇴근 후 운동에 몰두하는 청년, 조용히 책을 읽는 여성, 열정적으로 무언가를 만들어내는 사람은 모두 자기만의 시간 속에서 성장하고 있다. 땀 흘려 몰입하는 그 시간은 단순한 여가가 아닌, 자기 자신을 성장시키는 고요한 수련이다. 혼자서 시간을 잘 보내는 사람은 타인을 배려할 줄 알며, 타인에게 의존하지 않아도 내면의 평온을 유지할 수 있다.

요즘은 '혼밥', '혼술', '혼자 여행하기' 등 혼자 즐기는 문화가 대중화되었고, 다양한 안내서와 콘텐츠가 이를 뒷받침하고 있다. 이런 문화는 혼자의 시간을 부끄럽게 여기지 않고 하나의 삶의 방식으로 존중하는 분위기를 만들어가고 있다. 프리드리히 니체는 "혼자일 수 없다면 나아갈 수 없다"고 했고, 스스로를 사랑하고 단련할 수 있어야 진정으로 높은 곳을 향해 나아갈 수 있다고 강조했다. 혼자 감내한 시간 속에서 우리는 성장하고 강해진다.

50~60대 중장년층 중에도 퇴직 후 혼자만의 시간을 활용해 자기계발을 하거나, 오랜 시간 억눌렸던 자아를 회복하며, 제2의 인생을 준비하는 분들이 있다. 이들은 더 이상 위아래의 눈치를 보지 않고, 조용히 자신만의 리듬을 회복하려 한다. 혼자라는 고요 속에서 자유와 성찰을 통해 진짜 자신을 만난다.

혼자일 때 우리는 비로소 나의 삶을 객관화할 수 있고, 내일을 위한 계획도 명확히 세울 수 있게 된다. 이때 집중력은 높아지고, 인내력은 자라며, 통찰력도 깊어진다. 그렇게 성장할 때 우리는 새로운 가능성을 만나고, 외적인 성공을 넘은 내적인 만족과 행복에 가까워질 수 있다.

혼자일 수 있다는 것은 고독을 견딜 수 있다는 뜻이며, 그것은 성숙한 정신의 징표가 된다. 혼자의 시간은 단절이 아니라 연결이고, 정체가 아니라 나아감이며, 외로움이 아니라 성장이다.

혼자만의 시간은 나를 나답게 만든다. 타인의 시선에서 벗어난 고요 속에서 우리는 진정한 자신과 대면하게 되고, 사회적 관계나 외적 조건과는 별개로 존재의 가치를 확인하게 된다. 그 깨달음이 쌓여 자존감이 자라고, 비로소 나만의 삶의 방식이 정립된다.

배움을 즐겨라

지식의 지평이 넓어지고, 균형이 잡히면 그만큼 조화로운 삶을 영위하기가 수월해진다. 우리의 평균 교육 수준과 지식 욕구도 점차 높아지고 있으며, 이는 더 나은 아비투스를 형성하는 데 중요한 기반이 된다. 그러나 지식에는 유통기한이 존재한다. 급변하는 사회에서 10년, 20년 전에 배운 지식만으로는 세상의 흐름을 따라가기 어렵다.

하버드 대학의 물리학자 새뮤얼 아브스만은 '지식의 반감기'라는 개념을 제시하며, 일반 지식은 약 7~8년이 지나면 효율성이 절반 이하로 떨어진다고 말했다. 이러한 변화 속에서 살아남기 위해 우리는 끊임없이 배워야 한다.

배움은 단지 살아남기 위한 도구가 아니라, 자신을

더 나은 방향으로 단련하는 수단이다. 스스로 배우고 익히는 과정에서 우리는 내면의 질서를 정비하고, 세상에 대한 이해를 넓힐 수 있다. 지식은 외부에서 주어지는 것이 아니라, 자기 주도적인 태도에서 비롯된다.

또한, 배우는 습관은 사고의 유연성과 판단의 민감함을 기르는 데도 중요한 역할을 한다. 세상의 변화는 예고 없이 찾아오며, 준비된 자만이 그 기회를 잡을 수 있다. 그러므로 배움을 일상의 일부로 삼고, 삶과 긴밀하게 연결된 태도로 접근해야 한다.

살아 있는 한 계속해서 사는 법을 배워라

학교 교육제도에도 변화의 바람이 불고 있다. 전통적인 방식에서 벗어난 MOOC(온라인 공개 강좌), 미네르바 대학 같은 새로운 교육 모델들이 주목받고 있으며, 학생들은 더 이상 수동적인 학습자가 아니라, 능동적으로 학습 방식과 내용을 선택하고 있다. 이는 교육이 생존의 수단이 되었음을 보여준다.

정보 기반의 지식 사회로 전환되면서, 학습은 경쟁력이자 생존력이 되었다. 과거의 개념만으로는 현대 사회의 다양한 변수에 적응하기 어렵다. 새로운 환경에 유연하게 대응하기 위해서는 끊임없는 학습을 통해 자신의 사고와 행동 양식을 진화시켜야 한다.

배움에는 체계적인 계획도 필요하다. 매일, 주말, 장기 프로젝트 등으로 나누어 학습 목표를 세우고 실천해야 한다. 꾸준한 학습은 일상이 되어야 하며, 이는 단순한 지식 축적을 넘어 자신감을 키우고, 문제 해결 능력을 향상시키는 기회로 이어진다. 퇴직 후에도 배움을 통해 새로운 관계를 형성하고, 삶의 활력을 찾는 이들이 점점 많아지고 있다.

나이가 들수록 삶의 리듬은 느려질 수 있지만, 배움의 속도는 조절 가능하다. 중요한 것은 빠르게 배우는 것이 아니라, 지속적으로 배우는 것이다. 느리더라도 멈추지 않는 배움은 내면의 깊이를 만들고, 인생 후반기를 더욱 풍요롭게 만든다.

남을 위해 배워라

배움에는 나이도, 지위도, 배경도 중요하지 않다. 모르면 누구나 배워야 하며, 배우는 것을 부끄러워할 필요는 없다. 불치하문[不恥下問]은 오히려 무불하문[無不下問]으로 '아랫사람에게라도 묻는 것을 부끄러워하지 않는다'라고 하지 않는가.

현대 사회에서는 나이 든 이들이 젊은 세대에게 디지털 기기 사용법이나 신조어, 새로운 트렌드 등을 배우는 일이 자연스러워지고 있다. 배움의 태도에는 겸손과 용기가 함께 요구된다. 배우지 않으면 변화에 뒤처지게 되며, 생활은 점점 불편해진다. 반면, 배우려는 자세를 가진 사람은 삶의 변화를 능동적으로 받아들이고, 더 나은 방향으로 이끌 수 있다. 이는 아비투스의 성숙과 나의 성장발판으로 직결된다.

지혜로운 어르신들의 공통점은 끝없는 배움에 있다. 그들은 은퇴 후에도 공부를 멈추지 않으며, 젊은 세대에게 배우기를 주저하지 않는다. 이는 단순한 자기계발을 넘어서 세대 간의 소통과 존중을 이끌어내는 지혜이기도 하다. 바둑 프로기사 서봉수 9단과 한창 후배가 되는 이창호 9단과의 대전 사례처럼, 자신의 자존심을 내려놓고 배움을 선택하는 자세는 모든 세대에게 큰 영감을 준다.

나의 배움이 타인의 삶에 도움이 될 수 있다는 점에서 배움은 사회적 책임이기도 하다. 부모는 자녀의 미래를 위해 배우고, 직장인은 동료나 후배를 위해 학습한다. 이런 선순환은 공동체 전체의 성장으로 이어지며, 궁극적으로 나 자신에도 큰 보람과 의미를 안겨준다.

진정한 배움은 개인의 만족에 그치지 않고, 타인에게 지식과 경험을 나누는 데서 완성된다. 배운 것을 실천하고 나누는 사람은 단순히 아는 사람을 넘어, 가르칠 수 있는 사람으로 성장한다. 교사, 멘토, 선배라는 이름은 그런 나눔의 결과로 붙는 사회적 존칭이다. 타인의 성장을 돕기 위해 기꺼이 자신의 지식과 시간을 나누는 태도는 성숙한 아비투스를 드러내는 징표다. 이는 '함께 잘 살기'라는 공동체 윤리의 중요한 출발점이 되며, 진정한 학습의 방향이 '자기만을 위한 배움'이 아닌 '우리 모두를 위한 배움'으로 나아가야 함을 일깨워준다.

 결국, 배움은 세상을 이해하고 자신을 성찰하는 방법이다. 꾸준한 배움을 통해 우리의 정신은 더 단단해지고, 성장의 길은 더욱 확고해진다. 이것이야말로 아름답고 행복한 삶으로 가는 길이다.

모든 것은 때가 있다

우리나라의 중년층들은 구조조정의 주요 대상이 되기 쉬운 위치에 놓여 있다. 직급이 높고 연봉이 많은 이들이 우선순위로 밀려나는 현실 속에서, 50대 이상의 화이트칼라들은 재취업 시장에서도 환영받기 어렵다. 정부가 제공하는 일자리 역시 비정규직 중심이 많아 그들을 위한 실질적인 대안이 되지 못한다. 많은 5060세대가 "아직 일하고 싶다"고 입을 모으지만, 정작 현실의 대안은 막막하기만 하다.

은퇴가 장례식이 되기 전에
통계청에 따르면 2025년에는 65세 이상 인구가 전체의

20.6%를 차지할 것으로 예측된다. 한편 2023년 3분기 기준 60세 이상 가구의 월평균 소비지출은 223만 원에 달한다. 물가 상승을 감안하면 두 사람이 생활하기에도 빠듯한 수준이다. 전문직 퇴직자들은 자신이 쌓은 경력을 콘텐츠화로 해서 전수하는 등 새로운 기회를 모색할 수 있지만, 일반적인 재취업은 결코 쉬운 일이 아니다.

늘어난 퇴직 인구를 위한 '시니어 지식산업'에 대한 관심도 높아지고 있다. OPAL(Old People with Active Lives)과 APPLE(Active People in the Later part of their Life) 같은 개념이 등장하며, 경험과 지혜를 자산으로 삼으려는 흐름이 확산되고 있다. 그러나 현실은 녹록치 않다. 한길 인생을 묵묵히 걸어온 이들에게 '은퇴는 장례식'이라며 자조 섞인 농담을 하는 경우도 있다. 이 말에는 노후 준비 부족과 취업 환경의 냉혹함이 반영되어 있다.

일의 형태와 구조 역시 변하고 있다. 과거에는 정년까지 한 직장에서 일하는 것이 일반적이었지만, 이제는 프리랜서, 계약직, 프로젝트 단위의 일들이 늘어나고 있다. 이는 고용의 유연성이라는 이름 아래 중장년층의 고용 불안을 더욱 가중시키는 요소로 작용하고 있다. 일의 가치와 형태가 변화하는 만큼, 고정된 인식과 관습의 재조정이 필요하다.

그러므로 '일할 수 있음은 곧 살아 있음'이라는 말이 무색하지 않다. 단순한 경제 활동을 넘어, 사회와 관계 맺고 자신이 유의미하다는 감각을 느끼는 데 있어 노동은 여전히 중요한 역할을 한다. 우리는 일을 통해 성장의 맥을 이어가야 하며, 이는 단지 생계를 위한 활동을 넘어 자아의 확장을 위한 여정이기도 하다.

OECD 회원국의 평균 은퇴 연령은 64.5세지만, 우리나라는 72.3세로 무려 10년 가까이 더 일하고 있다. 특히 65세 이상 고용률이 50%를 넘는다는 것은 상당수가 경제적 이유로 일을 계속해야 한다는 현실을 방증한다. 건강은 유지되고 있으나, 정작 노후 자금은 준비되지 않은 이들이 많아 안정적인 수입원을 갈망하게 된다.

변화와 상황에 맞춰 승리를 쟁취하라

한때 우리는 고도성장기를 지나며 별다른 어려움 없이 취업하고 창업하던 시대를 살았다. 그러나 지금은 저성장 시대로 불리는 것은 물론이거니와, AI와 자동화 기술의 발전 속에 사람이 필요 없는 영역이 늘어나고 있다. 단순 노동은 줄어들고, 가치관과 건강, 수명 연장 등 새로운 요소들이 삶의 기준이 되고 있다. 이런 전환 속에서 우리 역시 변화해야 한다.

이제 우리는 '평생 현역'으로 살아가야 하는 시대에 진입했다. 과거와 같은 은퇴 후 여유로운 삶은 일부에게만 허락된다. 그러나 진정한 능력자는 나이를 불문하고 계속해서 자신의 분야에서 빛을 발한다. 연구실의 노교수, 현장의 장인처럼 퇴직이 아닌 현역의 자세로 살아가는 이들은 시대의 귀감이 되고 있다.

따라서 우리는 과거의 소비 중심적 사고를 내려놓고, 검소하고 실속 있는 생활로 전환해야 한다. 사회적 지위에서 얻던 자존심을 지키기보다는 실질적 생존과 의미 있는 삶을 선택하자. 변화에 적응하려면 자기 긍정과 자기 효능감을 회복해야 하며, 새로운 환경에 스스로를 단련시켜야 한다.

과거의 경력이나 지위에 안주하는 것은 금물이다. 기술직 자격증처럼 실제적이고 수요가 있는 분야는 가능한 한 빠른 시일부터 준비해두는 것이 바람직하다. 준비 없이 맞는 노후는 좌절로 이어질 수 있다. 자신의 현재 모습을 겸손히 받아들이고, 젊은 후배에게 배우는 자세가 필요하다. 시작은 미약할지라도 지속과 반복을 통해 숙련은 반드시 이루어진다.

이처럼 세월은 단점도 주지만, 동시에 안정감과 신뢰 같은 장점도 가져다준다. 다만 이는 오직 시간과 꾸준함을 통해 얻어진다. 처음엔 서툴더라도 꾸준히 하다 보면 능숙해지고, 언젠가는 그 분야의 전문가가 된다. 준비된 사람은 결국 인정받고, 다시 쓰임을 얻는다. 자기 긍정의 힘은 나이가 들어갈수록 더욱 절실하다.

애벌레는 자신의 인생이 끝났다고 생각할 때 비로소

나비가 된다. 모든 것은 때가 있다. 성장은 단번에 이루어지지 않는다. 실패와 시행착오를 딛고, 믿음을 붙들고 나아갈 때 결국 자신만의 시기를 맞게 된다. 꿈은 기다림 속에서 자라고, 자기 확신 위에서 피어난다.

축소도 전략이다

확장만이 능사는 아니다. 현명한 축소는 효율성과 실행 가능성을 높이며, 훌륭한 성과는 물론 성장의 지름길이 되기도 한다. 사우디아라비아에서 무함마드 빈 살만 왕세자가 추진해 온 '네옴시티' 프로젝트는 원활한 실행을 위해 현실과 타협하여 축소된 대표적 사례 중 하나다. 이 프로젝트의 핵심은 사막에 거대한 거울 벽으로 둘러싸인 직선형 도시 '더 라인'을 건설하는 것으로, 이 직선형 도시는 당초 170km 길이의 계획이었으나, 2.4km로 대폭 축소되었다. 네옴시티는 한 국가의 거대한 야망으로 진행된 초대형 프로젝트였지만, 건설비의 폭등 앞에서 현실과 타협할 수밖에 없었다.

하지만 축소는 실패가 아니라 전략일 수 있다. 오히려 과도한 확장을 줄이는 과정에서 핵심 역량이 살아나고, 실현 가능한 계획으로 거듭나는 경우가 많다. 산업화 이후 삶의 기준은 '더 빨리, 더 많이, 더 높이'로 고정되었지만, 지금 시대는 오히려 선택적 축소와 내실화가 새로운 경쟁력이 되고 있다.

어리석은 확대는 현명한 축소만 못하다

우리는 '크고, 넓고, 빠르게'라는 확장의 미학에 익숙하다. 젊은 시절 외적 성장을 추구했다면, 중·장년기 이후에는 내실 있는 축소를 고민해야 한다. 퇴직자들이 퇴직금을 들고 창업에 나섰다가 실패하는 사례는 흔하다. 사회적 지위나 과거의 관성을 믿고 시작한 사업이 실제 시장에서는 통하지 않는 경우가 많기 때문이다. 준비 부족, 빠른 시장 변화, 과도한 기대는 현실에서 충격으로 돌아온다.

특히 중장년층은 은퇴 직후의 불안감과 주변 시선, 체면 때문에 무리한 확장을 선택하기 쉽다. 하지만 과감한 축소 전략은 실패 확률을 줄이고, 오히려 자신에게 맞는 속도로 성장할 수 있는 여지를 만들어준다. 무엇보다 중요한 것은 자신을 정확히 아는 것이다. 과거의 성공 경험에 집착하기보다, 현재의 능력과 환경을 바탕으로 현실적인 선택을 해야 한다.

실패를 줄이려면 자신의 능력과 환경을 냉정히 분석하고, 축소된 형태로 전략적으로 시작하는 자세가 필요하다. 어리석고 과장된 확대는 뻔한 결론을 야기한다.

이 과정에서 이루어지는 축소는 단순한 줄이기가 아니라, 핵심을 남기고 불필요한 것을 덜어내는 선택이다. 경제학 중에 '콩코드 효과Concorde Effect'라는 말이 있다. 그만두는 편이 좋다는 걸 알면서도 투자 손실 때문에 그만두지 못하고, 큰 손실을 일으키는 일을 의미하는 용어이다. '콩코드'란 1960년 영국·프랑스가 함께 개발한 초음속 여객기로, 파리에서 뉴욕의 운행 시간을 7시간에서 3시간 20분으로 줄였지만, 기계결함으로 인해 27회의 회항을 하는 등 결국 성공의 길로 들어서지 못하고, 역사 속으로 사라진 비운의 기체다. 이처럼 이미 들어간 시간과 비용 때문에 멈추지 못하는 실수를 피하려면 과감한 결단도 필요하다.

축소는 삶의 리듬을 되찾는 전략이기도 하다. 과거에는 '더 많이 일하고 더 많은 결과를 얻어야 한다'는 공식이 지배적이었다면, 이제는 '덜 일하고도 더 의미 있는 결과를 얻는 방식'이 주목받고 있다. 특히 50대 이후에는 체력과 회복력의 한계를 인지하고, 장기적인 안목으로 자신을 관리해야 한다. 축소를 통해 에너지를 집중할 수 있는 방향으로 재조정하면 오히려 더 큰 만족을 얻을 수 있다.

무엇보다 축소는 내면의 성장으로 연결된다. 외적 확장이 힘을 잃어가는 시기에는 자기성찰과 집중이 중요하다. 단순한 생활, 집중된 관계, 정제된 목표는 마음의 평화와 지속 가능한 성장을 가능케 한다. 많은 것을 버리고 난 뒤 남은 것들이 진짜 본질이다. 축소는 그 본질을 드러내는 과정이며, 중년 이후 삶의 지혜이자 품격의 요소가 된다.

현명한 축소는 내적성장의 지름길

실제로 축소는 자기 효능감을 회복하는 계기가 되기도 한다. 과거에는 조직의 일원으로 커다란 구조 속에서 작은 역할만 담당했다면, 축소된 삶에서는 오롯이 자신의 선택과 책임으로 무언가를 만들어야 한다. 이 과정은 어렵지만, 성공했을 때 얻게 되는 만족감은 크다. 작은 사업, 간소한 일상, 단출한 인간관계 속에서 오히려 창의성과 자율성이 깨어난다. 외형적 성장 대신 내면의 깊이와 자립성을 키우는 방향으로 나아갈 때, 중년 이후의 삶은 비로소 온전한 자기 주도성을 갖게 된다.

은퇴 이후 인생 2막을 시작하는 데 있어 축소는 필연이다. 체력, 자녀, 경제 환경 등 다양한 변수들이 변화를 강요한다. 이럴 때 필요한 것은 과거의 영광이 아니라 새로운 현실에 맞춘 전략이다. 불확실성이 큰 시대에는 대담한 확장보다는 조심스럽고 견고한 축소가 안정적 기반을 마련한다. 축소는 무기력함이 아니라 지속 가능성을 위한 선택이다.

젊은이들은 성큼성큼 앞으로 나아가지만, 중년에게는

상대적으로 조심스러운 걸음이 필요하다. 그렇다고 해서 가능성이 없는 것은 아니다. 중년에게는 세월이 건넨 내공이 있고, 판단의 정확성이 있다. 내적 성장은 이런 축소의 순간에 더욱 깊어진다. 작게 시작해서 점차 키워나가는 방식은 실패를 줄이고, 시장에 적응할 시간을 벌어준다. 내면을 다지고, 작게라도 의미 있는 성과를 만들어가는 것이야말로 진정한 성장이다.

성장을 외형으로만 평가하는 시대는 지났다. 지금은 '얼마나 확장했는가'보다는 '얼마나 단단한가', '얼마나 지속 가능한가'가 중요하다. 실패를 줄이고 회복력을 기르기 위해서라도 현명한 축소는 필수 전략이다. 축소는 포기가 아니라 선택이며, 가장 현실적인 성장의 출발점이다.

중년 이후의 삶은 한 번의 실수가 회복 불가능한 타격이 되기도 한다. 그래서 더욱 신중하고, 전략적으로 살아야 한다. 축소는 그런 의미에서 가장 인간적인 선택이며, 새로운 가능성을 여는 문이 될 수 있다. 외형을 줄이

되 본질은 놓치지 않는 것, 그것이야말로 우리가 지향해야 할 성장의 방식이다.

군자화이부동 소인동이불화(君子和而不同 小人同而不和)
-『논어(論語)』「자로(子路)」-

군자는 화합해도 같지지 않으며, 소인은 같아져도 화합하지 않는다.

Chapter VI
균형(均衡)

희망과 꿈은 이루어진다

우리 삶은 경쟁과 협력이 어우러진 복합적 구조 안에서 움직인다. 하지만 현실은 어떠한가. 명확한 계층 구조 속에서 더 많이, 더 높이 올라가야 한다는 강박에 사로잡힌 채, 욕망의 늪에서, 경쟁의 소용돌이 속에서 허우적대며 시간을 보내는 이들이 많다. 성장이란 단지 공감과 배려, 질서와 순리의 평화로운 환경 속에서만 이루어지지 않는다. 삶의 시련 속에서 끊임없는 교훈과 때로는 갈등, 실패, 불협화음의 고통 속에서도 희망과 꿈을 놓지 않는 이들이 결국 더 깊고 단단하게 성장을 하는 경우도 많다.

누구나 꿈을 이룰 수 있는 본성과 가능성을 지니고 있다. 이를 증명하는 수많은 사례 또한 있다. 끊임없는 노력과 열정으로 세계무대에서 성과를 낸 이들, 그들이 바로 가능성의 산 증인이다. 그러나 그 누구도 당신의 꿈을 대신 이뤄주지 않는다. 나의 꿈은 오직 나의 힘으로 이루어야 할 나의 몫이다.

누구도 나의 꿈을 대신 할 수 없다

코로나 팬데믹 이후 전 세계는 심각한 기후위기, 경기 침체, 전쟁 등으로 인한 복합적 위기를 맞고 있다. 함께 살아야만 생존 가능한 시대임에도, 공생의 관계 안에서 희망과 꿈은 점점 멀어지고 있다는 불안감이 엄습해온다.

하지만 그래도 우리는 내일의 꿈을 꾸어야 한다. 막연히 "할 수 있어!"라는 말만으로는 부족하다. 성공은 달콤한 환상이 아니라, 구체적인 로드맵이 있어야만 도달할 수 있는 험지다. 내가 정말 열망하는 것이 무엇인지 분명히 알고, 열정과 노력을 지속할 수 있어야 한다. 목표는 구체적이고, 측정 가능하며, 실현 가능한 계획이어야 한다.

예를 들어보자. 테니스 선수 노바크 조코비치는 2023

년 호주오픈 우승 소감에서 "꿈꾸는 것을 두려워하지 말라. 단 한 사람의 지지라도 있다면 할 수 있다"고 말했다. 세르비아라는 테니스 변방에서 자라나 세계 랭킹 1위에 오른 그가 여전히 '꿈'을 강조하는 이유는 분명하다. 그것이 그를 여기까지 오게 한 원동력이었기 때문이다.

물론 꿈을 이루기 위해선 냉정한 자기 평가가 선행되어야 한다. 내 환경, 능력, 한계를 정확히 인식해야 한다. 누구에게나 꿈과 희망은 있지만, 그것이 환상으로 끝나는 사람도, 미래의 발판이 되는 사람도 있다. 차이는 실행 가능성과 자기 인식에서 시작된다.

자신의 목표를 종이에 적어보는 것만으로도 방향을 잡는 데 도움이 된다. 단기, 중기, 장기로 나눠보고, 각 단계에서 마주할 장애물과 해결 방법을 미리 구상하자. 그 과정을 통해 하나의 목표에 에너지를 집중할 수 있다. 여기서 바로 통찰력이 길러진다. 도전은 자신감, 인내, 극복의 과정을 통해 완성된다. 그렇게 성장한 아비투스의 근력은 자존감으로 이어지고, 또 다른 목표를 향한 발판이 된다.

혼자만의 시간 속에서 성장의 길도 열린다

무의미한 위로나 겉도는 희망의 말에는 아무런 힘이 없다. 오히려 고통 속에 있는 사람에게는 분노를 일으킬 수 있다. 먼저 자신만의 시간을 확보하자. 고독 속에서 충만한 자성을 통해 에너지가 충전되고, 통찰의 힘 역시 자란다.

혼자의 시간은 단지 멍하니 있는 시간이 아니다. 과거의 경험, 전공, 관심사 등을 되짚으며 자기 자신을 낱낱이 객관적인 분석의 시간이다. 스스로의 강점과 한계를 이해하고, 현실적인 목표를 세우는 데서부터 시작하자.

자기 기대가 지나치게 높은 사람일수록 현실로 돌아오는데 시간이 오래 걸린다. 그 간극의 차이가 클수록 과대망상에 빠지기 쉽다. 현실을 직시하고, 명확한 목표와 계획을 갖는 것이 성장의 전제다.

하지만 그럼에도 헛된 바쁨에 빠지지는 않는지 주의해야 한다. '바쁠 망' 자는 '마음 심'에 '망할 망'이 붙은 글자다. 바쁘다는 이유로 마음을 잃지 말자.

과도한 욕심으로 감당 못할 일을 벌이는 순간, 일이 산으로 감은 물론 결과 또한 시원찮아진다. 일정이 조금 늦어져도 괜찮다. 서두르지 말자. 중요한 것은 꾸준히, 끝까지 해내는 자세다. 분주함은 창의력을 앗아간다. 조용한 시간 속에서 비로소 삶의 우선순위가 드러난다. 좌절을 겪었다면 꿈을 수정하고, 성장계획서를 다시 써보자.

로마 철학자이자 정치가 키케로는 'Dum anima est, spes est'— '삶이 있는 한, 희망은 있다.'라고 하며, 우리 삶의 회복력과 삶의 가치를 긍정적 태도로 격려하고 있다.

힘든 시기는 누구에게나 찾아온다. 하지만 지금 이 순간을 살아내는 태도가 결국 희망의 힘이 된다. 카르페 디엠 오늘에 집중하자. 지금 이 순간이 바로 오늘, 꿈을 이뤄가는 시간이다.

힘들면 잠시 쉬자

나태주의 〈어린 벗에게〉라는 시에는 '너무 잘하려고 애쓰지 마라. 지금 모습 그대로 너는 충분히 예쁘다'라는 구절이 있다. 보다 나은 내일을 위해 잠을 줄이고, 더 높은 곳을 향하여 쉬지 않고 달려온 삶이 정말 좋은 삶일까? 여전히 우리는 스스로를 재촉하며 살아가고 있다.

빠르게 달릴수록 뒤처지는 아이러니

방향을 잘못 잡은 채 너무 급히 일을 진행하다가 처음 자리로 되돌아오는 불상사가 종종 발생하곤 한다. 빠르게 진행

했을수록 일을 멈추고 되돌아가는 과정은 어렵고도 버겁다.

  빠른 실행과 성과에 몰두했던 우리의 과거는 지금의 풍족함을 만들었을지 모른다. 하지만 결과적으로 그 반작용 역시 만만치 않았음을 우리는 이제 알고 있다. 그럼에도 도파민 과잉 시대에 우리는 점점 더 자극적이고 빠른 보상에 익숙해져 간다. 오늘날 정신과 의사들은 말한다. 길게 가려면 너무 신나게, 미친 듯이 일하지 말라고.

  행복은 어디서 오는가? 쉬고 자는 행위는 삶에 있어서 결코 낭비가 아니다. 이는 엄연한 회복이자 돌봄이다. "이렇게 해야 해"라는 강박보다 "이래도 괜찮아"라는 자기 수용이 필요하다. 내비게이션만 믿고 속도만 낼 것이 아니라, 주변의 풍경도 돌아보고, 벤치에 앉아 숨을 고르며 신발 끈을 조여 보자.

  누구나 살면서 비바람을 만난다. 삶의 질이 높아질수록 기대치도 높아지고, 기대에 못 미치면 불안과 초조가 찾아온다. 돌집을 쌓을 때 무너지지 않게 하려면, 군데군데 틈을 주어 바람이 지나가게 해야 한다. 쉼 없는 긴장 상태는 결국 무너짐을 부른다.

〈일주일에 8일을 일했다 Eight Days a Week〉는 비틀즈의 노래처럼, 일만 하며 살아온 이에게 갑자기 다가오는 건강 문제는 더는 남의 이야기가 아니다. "이제 좀 살만하다"는 말이 무색하게 찾아오는 병고는, 자기 파괴와 자기 착취의 대가일지도 모른다.

『나는 산티아고 신부다』의 저자 인영균 신부는 다음과 같이 말한다. "일단 멈추시라." 순례길조차 계획으로 가득 채운 이들에게 '멈춤'은 더 큰 의미를 안긴다고 한다. 그냥 걷기만 하다 보면 왜 걷는지를 잊게 된다. 질문은 멈춤에서 나온다.

진짜 순례는 길 위가 아니라, 떠나온 삶의 자리로 돌아가 남을 도울 때 비로소 시작된다고 그는 말한다. 그 말처럼, 멈추는 일은 새로운 시작을 준비하는 일이다.

넉넉한 마음이 행복을 키운다

우리 주변에는 일을 삶의 전부로 여기는 사람들이 왕왕 있다. 그들은 평생을 바쁘게 일했고, 남들보다 많이 이룬 듯 보이지만 어딘지 모르게 넉넉함과는 거리가 멀어 보인다. 퇴직 후에도 "이제 뭘 해야 할지 모르겠다"라며 혼란을 겪는 일도 부지기수다.

오늘날 비교적 여유롭고 다양한 삶을 누린 젊은 세대에 비해, 몇몇 기성세대의 여행 모습은 어딘지 안쓰럽기도 하다. 그들은 버스에서 창밖 풍경도 보지 않고, 피곤에 지친 채 졸면서도 정해진 일정을 소화하기에 급급하다. 세월 지나 빛바랜 의미의 사진 몇 장은 어떤 의미일까? 이러한 여행에서 무엇을 얻고, 무엇으로 즐거움과 위로를 얻을 수 있을까?

인생을 마치 마라톤처럼 완주해야만 한다는 강박이 그들을 지치게 한다. 진정한 쉼은 몸과 마음을 재충전하는 일이다. 쉬는 것도 노는 것도 어디까지나 삶의 일부다. 또한 추억은 삶의 재산이며 반드시 필요한 시간이다.

멀리 가는 일도 역시 중요하다. 가는 길에 콧노래도 부르고, 나무 그늘에 앉아 새소리도 듣고, 밤하늘의 별을 바라보는 여유를 즐기면서도 우리는 목적지에 도달할 수 있다. 삶을 이롭게 하는 것들이 반드시 경쟁과 피로 속에서만 형성되지는 않는다. 오히려 느긋한 숨결, 따뜻한 감성, 조용한 성찰 속에서 우리의 몸과 마음은 더 단단하게 자란다. 모처럼의 한적한 시간은 그동안의 노고에 찌든 피곤을 씻어내고, 새로운 성장을 위한 활력을 준다.

힘들 때는 잠시 쉬자. 세상은 우리에게 끊임없이 달리라고 재촉하지만, 가장 멀리 가는 이는 결국 가장 잘 쉬는 사람이다. 스스로를 잘 돌볼 수 있는 사람, 때로는 멈추는 법을 아는 사람, 힘들 때는 천천히 걸어갈 줄 아는 사람이 결국 더 멀리 간다.

튀어야만 할까?

우리는 인정 욕구가 강하다. 주목을 받아야 성공한 것 같고, 남들과 다르게 보여야 무언가를 이룬 듯한 착각에 빠지기 쉽다. 또한 인간은 성공한 이들을 본능적으로 모방하고 싶어 한다. 물론 긍정적인 모방은 좋은 이미지를 낳기도 하지만, 부정적인 흉내까지도 유명세라는 허상을 좇으며 반복된다. 튀고 싶은 욕망은 어쩌면 우리 사회의 외로운 자아, 상처받은 자존감을 드러내는 신호일지도 모른다.

선조들은 이런 사람의 본성을 일찍이 경계했다. 『주역』 17장 '수'에서는 "튀지 말고 묵묵히 따르기를 좋아하는 사람은 허물이 없다"고 했다. 우리 속담에도 "모난 돌이 정 맞는다"고 했다. 괜히 튀었다가 화를 입는다는 뜻이다. 겸손하고 묵묵한 성실함이 오래가는 법이다. 그러나 지금의 세상은, 조용한 미덕보다 허상이라도 눈에 띄는 한 방에 더 반응한다.

이미지가 곧 자본인 시대

사건보다도 인물이 더 회자되는 시대다. 소셜 미디어에서는 사회적 논란을 일으킨 사람의 패션까지도 주목받는다. 그 사람이 착용한 옷과 소품이 무엇인지 궁금해 하거나 유행처럼 따라 하는 현상도 왕왕 벌어진다. 이를 일컫는 신조어가 '블레임 룩 blame look'으로, 비난받는 인물의 스타일을 흉내 내는 패션을 뜻한다. 국립국어원은 이를 "사회적으로 물의를 일으켜 비난받는 사람의 옷차림을 따라 하는 차림새"라고 정의한다.

학력 위조부터 횡령 의혹을 받았던 미술계 인사의 재킷, 고급 핸드백 등은 단숨에 화제가 되었으며, 로비리스트의 선글라스 역시 주목을 받았다. 이런 현상은 비단 호기심 때문만은 아니다.

한국소비자연구 2020년 4월호는 "인간은 긍정적 정보보다 부정적 정보에 더 민감하게 반응하는 경향이 있다"고 분석하며, 블레임 룩이 설득이나 마케팅이 아닌 '비의도적 노출'이라는 점에 주목한다. 범죄나 추문이라는 부정적 맥락이 오히려 호기심과 주목을 끌어올리는 것이다.

미국에도 유사한 개념인 '법정 패션courtroom fashion'이 있다. 이는 피고인이 판결과 여론을 유리하게 이끌기 위해 의도적으로 연출한 스타일로, 대표적인 사례가 '가짜 상속녀' 안나 소로킨이다. 그녀는 법정에서 마치 패션쇼처럼 옷을 차려 입었고, 결국 판사에게 "여긴 법정이지 런웨이가 아니다"라는 말을 들었다. 하지만 그녀는 인스타그램 팔로워 5만명을 돌파하며 한낱 '사기범'을 넘어 '스타일 아이콘'으로 소비되었다. 심지어 요즘은 이런 현상을 오히려 마케팅에 활용하는 기업도 있다. 블레임 룩의 영향을 받은 브랜드는 매출이 급등하고, 제품이 완판되는 경험을 한다. 부정적인 이미지조차 '이목 집중'이라는 이름으로 탈바꿈하는 것이다.

상처 입은 자존감

이처럼 튀고 싶은 심리의 기저에는 자존감 결핍이 깔려 있다. 프리드리히 니체는 "인간은 자신을 사랑하는 법을 부단히 배워야 한다"고 말했다. 지금 우리는 '나를 사랑하는 기술'보다 '남에게 보이는 기술'에 더 집중하고 있는지도 모른다.

요즘은 셀카를 통해 자신을 기록하고 증명한다. 새로 산 옷, 멋진 장소, 이름난 사람과 함께한 순간, 맛있는 음식―'all are saved in selfies.' 그러나 그 사진들이 진정 자존감을 채워주고 있는가?

자존감을 외부의 인정과 비교로 채우려 할수록 우리는 더 허약해진다. 누군가의 '좋아요'에 기뻐하고, 무반응에는 괜스레 움츠러든다. 튀는 옷, 튀는 말, 튀는 행동은 결국 '존재를 증명하고 싶다'는 외침이지만, 그런 방식은 오래가지 않는다. 타인의 시선에 매달려 존재를 구성하려는 시도는 그들에게 외면받는 순간 무너질 수밖에 없다.

흔적은 있지만 실체는 없다. 소셜 미디어의 화려한 이미지는 순간의 포장에 불과하다. 블레임 룩도, 법정 패션도 결국은 '나를 잊지 말아 달라'는 신호이다. 존재를 증명하고 싶은 절박함이 이미지에 집착하게 만든다.

자존감은 외부에서 얻는 것이 아니다. 타인의 반응에 휘둘리는 한, 진정한 자존감은 자라나지 못한다. 튀고 싶은 마음보다 먼저, 나를 바라보는 눈길이 따뜻해야 한다. 나를 받아들이는 마음이 단단해야 한다.

진짜 자존감은 조용히 쌓인다. 소란스럽지 않다. 내가 좋아하는 것을 알아가고, 내 마음의 언어를 스스로 들어줄 줄 알 때 자존감은 회복된다. 누구에게나 흔들릴 때가 있지만, 그럴수록 중심을 바깥이 아니라 '내 안'에서 찾아야 한다. 나를 위한 시간, 고요히 나를 살피는 순간들, 그것이 튀지 않아도 빛나는 자존감의 출발점이다.

겉으로 튀지 않아도, 스스로를 알고 사랑하는 사람은 존재감이 있다. 외적인 과시가 없어도 묵직한 무게감을 갖는다. 결국 튀는 것보다 중요한 건 흔들리지 않는 중심이다. 그 중심이 서야 외부의 시선에도 흔들리지 않는다. 자기 자신을 사랑할 줄 아는 사람만이, 타인 앞에서 진짜 매력을 발할 수 있다.

책임 없는 나락으로

잘나가던 이가 어느 날 하루아침에 말실수나 행동 하나로 '나락'에 떨어지는 일이 반복되고 있다. 이처럼 사회적인 비난의 대상이 되면 방송, SNS, 기사 등에서 폭로가 이어지며, 연예인이나 공인의 경우 하던 일에서 하차하며 사회활동에서 배제되기도 한다. 심지어는 과거의 철없는 말과 행동, 주변 가족이나 지인까지 소환되는 이른바 '신상털기'로 인해 개인의 삶 전체가 뒤흔들리기도 한다. 유명세가 곧 취약점을 노출시키는 방아쇠가 되어, 무명시절부터 힘겹게 쌓아온 삶을 한순간에 무너뜨리곤 한다.

가혹한 정의감과 그 후유증

'나락^{那落}'이라는 말은 불교에서 지옥의 여러 이름 중 하나로, 인터넷에서는 극심한 몰락과 '끝장남'을 뜻하는 신조어로 사용되고 있다. 산스크리트어 '나라카^{naraka}'에서 유래한 이 단어는 점점 일상의 속어가 되었고, 이제는 실수를 저지른 개인을 향해 가차 없이 날아드는 단죄의 도구가 되어버렸다. SNS와 인터넷 매체는 때로 가짜뉴스까지 더하며 사실 확인 이전에 누군가를 '처형'한다. 때로는 사실이 아님을 알면서도 대중의 욕구를 충족시키기 위해 퍼소문이 퍼뜨려지기도 한다.

이러한 현상은 해외에서도 '취소문화^{Cancel Culture}'라는 이름으로 비슷하게 나타난다. SNS 팔로우 취소처럼, 특정 인물을 집단적으로 배제하고 삭제하는 문화다. 단 한 번의 발언이나 행동으로 과거 전체가 부정되며, 그 속에서 대중은 일종의 권력감을 느끼게 된다. 이문원 대중문화 평론가는 이를 '도덕적 멍석말이'라 부르며, 익명의 디지털 세계에서 쾌감을 느끼려는 병리적 심리가 작용하고 있다고 진단한다.

우리는 매스미디어의 과도한 관심과 포장으로 도덕성 검증 없이 빠른 성공을 경험하는 이들을 왕왕 보곤 한다. 그러나 어린 신인들이 검증 없이 사회적 책임의 무게를 짊어지게 되는 것은 구조적 문제다. 잘못은 당연히 비판받아야 하지만, 유명세가 깊은 만큼 나락도 깊어지는 것은 가혹하다.

정치인에게는 관대하면서도 연예인에게는 유난히 가혹한 기준을 들이대는 이중적 태도 역시 문제다. 정치인의 허위나 모순에는 둔감하면서, 정작 셀럽의 작은 실수에는 집단적 처벌과 사회적 죽음을 강요한다. 이는 단순한 비판을 넘어, 자신의 불만을 해소하며 대리만족하는 일종의 감정 대리 처리일 수도 있다. 대중은 누군가를 끌어내릴 수 있다는 힘을 경험하며 일종의 우월감을 느끼는 것이다.

더 큰 문제는 나락 이후의 삶이다. 도덕적 비난으로 인한 사회적 매장뿐 아니라, 심각한 경우 당사자는 자살에까지 이른다. 이들의 가족과 지인들은 엄청난 정신적 고통을 떠안게 된다. 대중의 비판은 사라지지만, 그 트라우마는 오랫동안 남는다.

나와 다름을 존중할 수 있는 용기

옛말에 "털어서 먼지 안 나는 사람 없다"고 했다. 물론 범죄나 명백한 피해가 있다면 비판과 처벌은 필요하다. 하지만 도의적 과오나 미숙한 실수까지 '영원한 낙인'으로 이어지게 해서는 안 된다. 누구나 성장 과정에서 실수를 한다. 이들에게 기회를 주고, 성숙할 시간을 허락하는 문화가 절실하다.

우리는 나와 다름을 불편해하고, 그 다름이 이해되지 않을 때 쉽게 분노하고 배제하려 든다. 그러나 관용 tolerance 은 성숙한 사회의 핵심 가치다. 상대를 이해하고, 다시 일어설 기회를 주는 문화야말로 진정한 '균형'이 아닐까. 나와 다른 누군가를 향해 비난의 화살을 꺼내기 전에, 나 또한 실수하고 상처받을 수 있다는 인간적 자각이 필요하다.

함께 살아가는 사회는 서로의 '나락'을 방지해주는 울타리로서의 역할을 해야 한다. 우리는 남의 실패에 너무 익숙해져 버렸고, 그 익숙함이 곧 잔혹함이 되었다. 이제는 '나락'이 아닌 '회복'을 이야기해야 한다.

비난보다 더 중요한 것은 이후의 변화와 성찰이다. 실수한 이가 어떻게 반성하고 달라지려 하는지를 지켜보는 일은 성숙한 공동체의 역할이다. 한 번의 잘못으로 끝장을 내는 방식은 정의가 아니라 이룰 수 없는 자기 부족과 질투 의식에서 비롯된 보복에 가깝다.

문화가 다르면 판단도 달라진다. 어떤 행동이 다른 나라에서는 용인되는 반면, 우리 사회에서는 크게 문제시되기도 한다. 이런 차이를 받아들이는 태도는 관용의 첫걸음이다. 문화적 기준에 따라 유연하게 사고하고, 다름을 이해하려는 노력이 우리 사회를 더 단단하게 성장시킨다.

결국 우리 모두는 '완벽하지 않다'는 전제에서 출발해야 한다. 불완전한 인간이라는 사실을 인정할 때, 타인의 실수에도 연민과 이해를 보낼 수 있다. 나와 다른 누군가의 삶을 무너뜨리기보다, 그를 지지하는 손을 내미는 용기. 그것이야말로 지금 우리가 회복해야 할 가장 중요한 균형이다.

나와 다름을 인정하는 태도는 개인의 차원을 넘어 사회 전반의 문화적 기조를 변화시킨다. 일시적인 흥분이나 군중심리로 누군가를 나락으로 몰기보다, 비판 이후의 회복 경로를 제시하는 담론이 많아질 필요가 있다. 그 속에서 실수를 인정하는 사람도, 지켜보는 우리도 함께 성숙해진다.

삶은 선택의 연속

"B(Birth)와 D(Death) 사이에는 C(Choice)가 있다."

프랑스 실존주의 철학자 쟝 폴 사르트르 Jean-Paul Sartre의 이 말은 삶의 본질을 단적으로 표현한다. 우리는 매일 크고 작은 선택을 반복하며 지금 여기까지 왔고, 앞으로도 그 선택들이 우리의 내일을 만들 것이다. 선택이 없다면 삶은 그저 흘러가는 시간이 되고 만다.

하지만 불확실성 속에서 선택은 늘 어렵고, 때로는 두려움을 동반한다. 잘못된 방향으로 성장하는 선택은 몇 배의 대가를 요구하고, 심지어 어떤 길은 되돌아올 수 없기에 더욱 신중하게 된다.

독일 심리학 교수 페터 골비처가 개발한 'If-Then

Planning(조건-계획 훈련)'은 이 같은 선택을 보다 명료하게 만들어주는 좋은 도구다. 상황을 구체적으로 상정하고, "만약 A라면 나는 B를 하겠다"는 식으로 사전에 시나리오를 구성하면, 혼란 속에서도 자신만의 원칙을 지키는 선택을 할 수 있기 때문이다.

결국 선택이란 사전 사유와 이미지 트레이닝의 결과다. 충분히 고민하고 질문을 거듭하며 가능한 상황을 미리 그려보는 이 훈련을 통해 우리는 '우연한 선택'이 아니라 '의도된 선택'을 할 수 있다.

낙관과 긍정도 과하면 독이 된다

삶의 균형을 지키기 위해서는 선택이 중요하다. 그러나 선택을 둘러싼 과도한 낙관은 상황을 왜곡하게 만들고, 오히려 신뢰감과 실행력을 떨어뜨리게 만든다. 포장만 화려한 긍정은 스스로에 대한 과신을 부추기고, 결과적으로 실망과 허탈감을 남길 뿐이다.

긍정은 분명 삶에 필요한 태도지만, 모든 것이 '잘 될 것'이라는 맹신이 오히려 올바른 선택을 방해할 수 있다. 때로는 '되지 않을 가능성'까지도 냉정하게 바라볼 수 있어야 한다. 선택은 현실을 토대로 이루어져야지, 기대로만 이루어져선 안 된다.

결국 정확한 선택은 정확한 통찰에서 시작된다. 그리고 그 통찰은 안정되고 건강한 아비투스, 곧 안정되고 건강한 삶의 태도와 습관에서 나온다. 마음이 조급하거나 혼란스러울 때는 대체로 성급한 결정을 내리기 쉽다. 이럴 때 내린 잘못된 선택으로 인해 결과적으로 방향을 수정하거나 손해를 감수해야 하는 상황을 맞이하게 되는 일도 많다.

삼성그룹의 창업자 이병철 회장은 과거 중요한 결정을 앞두고는 며칠 동안을 방에서 꼼짝하지 않고, 자신과의 대화로 해결책을 찾았다고 한다. 그만큼 스스로의 감정을 가라앉히고 마음을 정돈하며, 오로지 선택 하나에 몰입했던 것이다. 이처럼 선택에는 신중함과 더불어 때로는 어떤 것을 포기할 줄 아는 결단도 필요하다. 선택 앞에서 모든 것을 다 가질 수는 없다. 결국 어느 하나를 선택한다는 것은 곧 다른 하나를 놓는 것을 의미하기 때문이다.

진정한 선택이란 단순히 '고르는 것'을 넘어 '방향을 설정하는 것'이다. 방향이 분명해야 흔들리지 않고 나아갈 수 있으며, 이는 곧 후회 없는 선택으로 이어진다. 우리에게는 지금의 이익보다 더 먼 미래를 내다보는 안목, 즉 미래지향의 성장이 필요하다.

스스로에게 질문하기

선택에 앞서 가장 먼저 돌이켜봐야 할 것은 지금 내 감정의 상태다. 불안과 초조 속에서 내리는 결정은 대개 본질과는 거리가 멀다. 이 선택이 정말로 충분히 숙고한 결과인지, 아니면 순간적인 감정에 휩쓸린 결과인지를 먼저 따져보아야 한다.

선택이란 곧 그에 따른 결과를 감당하겠다는 선언이기도 하다. 기대와 현실 사이에는 늘 간극이 존재하고,

선택 이후에는 예기치 못한 변화가 따라온다. 내가 그 모든 상황을 감내할 수 있는 사람인지, 아니면 준비가 더 필요한 시점인지 점검해 볼 필요가 있다.

모든 선택에는 배우는 순간이 있다. 실패하더라도 그 안에서 의미를 찾을 수 있다면 그 경험은 성장이 된다. 이 선택이 내게 어떤 경험을 줄 수 있을지, 나는 그것을 통해 어떤 내면의 성찰을 얻고 싶은지를 자문하는 것이 중요하다.

선택의 방향이 흐릿할 때는 늘 삶의 큰 그림을 떠올려야 한다. 지금 내가 내리는 선택이 장기적으로 추구하는 가치와 목표에 부합하는지, 아니면 단기적인 감정 해소나 욕망의 발로인지를 구분하는 안목이 필요하다.

한 가지 선택을 하기 전에는 반드시 그 이후의 삶을 머릿속으로 그려보아야 한다. 그 선택이 내 일상에 어떤 변화를 가져올지, 주변 관계는 어떻게 바뀔지, 무엇을 감수해야 하는지를 구체적으로 상상해보면 의외로 명확한 판단이 가능해진다.

우리는 종종 타인의 기대나 시선을 의식하며 선택한다. 하지만 결국 그 길을 걷는 것은 자신이며, 선택에 따르는 책임 역시 내 몫이 된다. 이번 선택이 타인을 만족시키기 위한 것이 아니라, 내면의 진실한 목소리를 따르는 것인지 깊이 들여다보아야 한다.

마지막으로 스스로에게 물어야 한다. 지금 이 선택을 하지 않으면 나는 후회할까? 아니면 지금은 때가 아니라는 직감이 더 강한가? 때로는 선택을 미루는 것이 가장 현명한 선택일 수도 있다. 그 판단 또한 나의 선택에 달려 있다.

숙성의 시절

조화로움은 먼저 자기 성찰에서 시작된다. 숙성의 시간을 거치며 우리의 영혼은 차분하고 맑은 상태로 나아가며, 내면에서 조화가 피어난다. 진정한 아름다움은 단순함과 절제의 조화 속에서 자라난다. 그럴 때 비로소 내면의 성숙과 미덕이 외부로 자연스럽게 드러나기 시작한다. 몸과 마음의 균형이 잡힐 때, 우리는 스스로의 아비투스를 단단하게 다듬어갈 수 있다. 이는 삶 전반에 조화로운 빛을 더해준다. 그러나 인간은 듣고 싶은 말만 듣고, 보고 싶은 것만 보려는 성향이 강하다. 자신이 믿고 싶은 것만 받아들이기에, 경험조차 왜곡되거나 오차가 생길 수 있다.

어떤 생각이 행동으로 이어지기까지는 시간이 필요하

다. 그 시간은 단순한 기다림이 아닌, 숙성의 기간이다. 의식적으로 멈추어 돌아보는 시간, 그 고요한 틈 사이에서 우리는 비로소 반성하고 정돈할 수 있는 기회를 얻는다.

삶의 숙성은 경험이나 세월에 비례하지 않는다

"빨리 자라는 나무는 쉽게 썩는다."

산림학자 페터 볼레벤의 말처럼, 겉보기에 빠르게 자란 존재는 깊이를 갖추지 못한 채 꺾이기 쉽다. 인간의 아비투스 역시 마찬가지다. 배우고 익힌 모든 태도와 습관은 무의식 깊은 곳에서 천천히 발효되며, 자연스럽게 드러날 때까지는 반드시 시간과 인내가 필요하다.

진정한 숙성이란 단순히 많은 일을 겪었다고 해서 저절로 이루어지는 것이 아니다. 오히려 경험의 양보다 중요한 것은, 그 경험을 어떻게 해석하고 소화했는지의 문제이다. 그래서 삶의 깊이는 나이와 비례하지 않는다. 어떤 이는 삼십 년을 한 해처럼 반복하고, 어떤 이는 짧은 시기에도 탁월하게 숙성된다.

우리는 늘 '더 빠르게, 더 많이'를 추구한다. 하지만 숙성의 시간은 속도를 허용하지 않는다. 오히려 멈춰야만 숙성이 일어난다. 거대한 나무처럼 깊고 두텁게 뿌리를 내리기 위해서는 조용한 시간의 압력이 필요하다. 목마른 고달픔과 흔들리는 바람 속에서 균형 잡힌 내면이 비로소 생겨난다.

퇴계 이황이 주장한 사단칠정론(四端七情論)의 인생론에는 네 가지 선한 본성과 일곱 가지 감정이 언급된다. 인간은 측은지심(惻隱之心), 수오지심(羞惡之心), 사양지심(辭讓之心), 시비지심(是非之心)이라는 네 가지 마음의 뿌리와 함께 희·노·애·구·애·오·욕의 일곱 가지 감정에 흔들리며 살아간다. 이 감정들이 마치 무지개의 일곱 빛깔처럼 숙성의 과정을 거쳐 표출될 때, 비로소 그 사람의 품격과 교양을 가늠할 수 있는 지표가 된다.

물론 삶의 숙성은 결코 쉬운 일이 아니다. 성품, 학식, 환경에 따라 감정의 표현 방법과 그 강도는 달라진다. 감사나 사랑을 전하고자 해도 오해가 생기고, 선한 의도가 상대에게 상처로 다가가는 일도 있다. 삶을 살아간다는 것은, 이러한 오차를 줄여가며 점차 균형을 찾아가는 여정이다.

자신의 한계와 마주하기

인생의 기준은 누구나 다르다. 각자가 처한 목표와 조건, 그리고 과거의 경험에 따라 삶의 균형점도 달라진다. 하지만 분명한 사실은, 앞으로 나아가기 위해서는 반드시 일정한 '무리'를 감수해야 한다는 것이다. 계획대로 되는 일은 없다. 계획은 단순한 출발점에 불과하며, 실제 삶은 끊임없이 변화하는 과정이기 때문이다.

살아가며 우리는 자주 과욕과 한계 사이를 오간다. 무언가를 이루기 위해서는 나의 역량보다 조금 더 큰 것을 시도해야 할 때가 있다. 아비투스가 단단할 때는 이 과정이 비교적 수월하지만, 부족할 때는 그만큼 더 큰 에너지를 소모하며 실수를 번복한다. 때로는 "무리하지 않으면 아무것도 얻을 수 없다"는 생각에 스스로를 몰아

붙이기도 한다.

하지만 중요한 것은, 나의 감당 가능 범위를 파악하는 일이다. 지나친 무리는 곧바로 파열을 가져오며, 과욕은 오히려 성장을 방해한다. 진정한 숙성을 위한 기간과 노력의 강도는 사람마다 차이가 있다. 이는 자신에게 맞는 부담을 자발적으로 감당하면서, 스스로의 한계와 마주하는 순간에 일어난다.

숙성된 사람은 내면의 안정감이 있다. 조급함보다는 평온함이 우선이고, 순간의 유혹보다 장기적인 균형에 무게를 둔다. 그러한 평정심은 외부로도 전해진다. 말과 태도, 관계 속에서 자연스러운 품위가 우러나온다.

미국 다트머스 대학교의 데이비드 브런치플라워 교수는 132개국 데이터를 분석해 '삶의 행복도는 중년에 최저점을 찍고, 이후 다시 상승하는 U자 곡선을 그린다'는 결론을 내놓았다. 48.3세에 바닥을 친 행복도는 이후 점차 상승하여 82세에 정점을 찍는다. 이는 중년의 고단함이 지나간 후에야 비로소 삶의 여유와 숙성의 결실을 경험하게 된다는 의미이기도 하다.

일본 이바라키 그리스도교대학 경영학부 신미화 교수는 중년이 불행한 이유로 부모 봉양, 자녀 부양, 조직 내 책임이라는 삼중고를 꼽는다. 그러나 노년이 되면 이 책임감에서 해방되고, 오히려 내면의 여유와 평정심이 생겨난다. 세월은 숙성의 촉매가 되며, 그 과정에서 우리는 진짜 '나'와 가까워진다.

하지만 한국 사회는 다르다. 노인의 노동참여율은 OECD 국가 중 1위이지만, 동시에 노인 빈곤율도 가장 높다. 전체 인구의 약 40%를 차지하는 노년 세대 중 상당수가 경제적 어려움에 처해 있다. 숙성의 시간을 온전히 누리기 위해선 사회적 시스템과 가치 인식 또한 함께 성숙해져야 한다.

우리 모두는 결국 '무르익은 삶'을 지향한다. 숙성은 고요한 기다림에서 오기도 하지만, 현실을 버텨내는 치열함 속에서 더욱 빛난다. 삶은 버텨낸 만큼 단단해지고, 깊어진 만큼 숙성의 결실을 얻을 수 있다.

인정하고 화해하자

공자는 인간관계의 핵심을 묻는 제자 자공의 질문에 이렇게 답했다.

"내가 하기 싫은 것은 남에게도 시키지 마라."

기소불욕 물시어인己所不欲 勿施於人, 바로 '서恕'의 정신이다. 이 말은 단지 윤리적 당위를 말하는 것이 아니다. 인간관계에서 발생하는 갈등의 본질과 그 해결책을 꿰뚫는 통찰이기도 하다.

하기 싫은 일을 다른 사람에게 시키면 누구든 불편함을 느낀다. 그것이 단순한 개인의 감정이든, 권위 있는 위치에서의 지시든 마찬가지다. 특히 책임이 따르는 일일수록 그 불편함은 갈등으로 번지기 쉽고, 화해는 어려워진다. 결국,

서는 감정의 문제가 아니라 신뢰의 문제다. 갈등을 예방하고 관계를 지키기 위한, 가장 근본적인 태도다.

자신이 원하는 것을 남에게 행하라

'역지사지易地思之', 즉 '입장을 바꿔 생각하라'는 흔하지만 오늘날에도 여전히 유효한 격언이다. 내가 싫어하는 일은 남도 싫어하고, 내가 부당하다고 느끼는 일은 남도 그렇게 느낄 가능성이 높다. 이 단순한 사실을 인정하는 것만으로도 많은 문제를 예방할 수 있다. 나의 실수를 인정하고, 어쩔 수 없는 상황이었다면 솔직하게 사과할 수 있어야 한다. 그래야 상대도 자신의 잘못을 인정할 수 있고, 화해의 길이 열린다.

그렇다면 좋은 사과란 무엇일까? 심리치료사 가이 윈치Guy Winch는 "사과는 죄책감의 해독제"라 했다. 인간은 누구나 사과를 받고 싶어 하고, 특히 진심 어린 사과에는 마음이 열리고 그동안의 앙금도 가라앉기 마련이다. 단, 그 사과는 구체적이고 명확해야 하며, 잘못에 대한 인식이 분명해야 한다. 말뿐인 형식적인 사과는 오히려 상대를 더 불편하게 만들 뿐이다. 정제된 사과야말로 위기를 기회로 바꿀 수 있는 중요한 수단이다.

우리는 모두 같은 환경과 배경을 지닌 존재는 아니다. 프랑스 사회학자인 피에르 부르디외는 인간의 삶을 구성하는 아비투스가 각기 다르다고 말했다. 태어난 환경, 교육, 문화자본이 다르면 같은 상황에서도 다른 반응이 나올 수밖에 없다. 그렇기에 우리는 다양성을 인정하고, 나와 다른 존재에 대한 포용력을 길러야 한다.

리처드 칼슨의 명저『우리는 사소한 것에 목숨을 건다』에서도 "행복은 세상이 공평하지 않다는 것을 인정하는 데서 시작된다"고 말한다. 이 세상은 애초에 공평하지 않다. 그 사실을 받아들여야 비로소 자신과 타인을 있는 그대로 바라볼 수 있다. 이 것은 인정을 하고, 화해하는 첫걸음이며, 서 의 정신이다.

물 흐르듯 살되, 때로는 바람을 거슬러라

현실을 인정하고 화해하는 사람만이 다음 단계로 나아갈 수 있다. 현실을 외면하고, 자신은 변하지 않은 채 남만을 탓하면 삶은 멈춘다. 변화를 받아들이는 사람만이 성장한다. 삶의 방향이 분명해지고, 성취해야 할 목표가 생기면 누구나 달라질 수 있다.

희극배우 찰리 채플린은 이렇게 말했다.

"인생은 가까이서 보면 비극이지만, 멀리서 보면 희극이다."

숨 가쁜 오르막길 끝에는 탁 트인 시야가 열리듯, 고통을 통과한 사람만이 넓은 시야를 가질 수 있다. 그러므로 괴롭고 언짢은 일은 피하지 말고, 그것을 마주한 후에야 진짜 변화를 시작할 수 있다.

때로는 용서가 감동을 낳는다. 서울 용산에서 국수집을 운영하는 할머니 배혜자 씨는 노숙자에게 종종 국수를 대접했다고 한다. 어느 날, 국수 값을 내지 않고 도망가는 사람의 뒤를 보며 그녀는 이렇게 외쳤다.

"그냥 가! 뛰지 마! 넘어지면 다쳐!"

후에 외국에서 사업가로 성공한 그 남성은, 한 인터뷰

에서 자신이 죄의식에서 벗어날 수 있었던 건 그 국수 한 그릇 때문이었다고 말했다. 말 한마디, 국수 한 그릇이 사람의 삶을 바꾼 것이다.

양산 통도사 자장암에서도 비슷한 일이 있었다. 가난한 소년이 시주함에서 3만 원을 훔치다 스님에게 들켰지만, 스님은 아무 말 없이 소년의 어깨를 다독였다고 한다. 그 소년은 시간이 흘러 어른이 된 뒤, 편지와 함께 200만 원을 시주함에 넣었다. 이들 이야기는 단순한 미담이 아니라, 진정한 용서가 누군가의 죄책감을 녹이고 자신과의 화해를 가능하게 한 구체적인 사례다.

용서와 화해는 종교적 가르침을 넘어, 인간의 본성과 사회를 지탱하는 중요한 기초다. 누구나 실수할 수 있다. 중요한 것은 그것을 어떻게 마주하느냐다. 인정하지 않으면 화해는 불가능하고, 용서하지 않으면 앞으로 나아갈 수 없다.

그러나 오늘날 우리 사회의 모습은 어떤가. 알 만한

사람의 잦은 말실수와 거짓, 불성실한 태도에서는 인정하거나 사과하는 모습을 찾아보기 힘들다. 책임을 회피하고, 도덕적 질타에도 무감각하다. 이런 모습을 아이들이 보고 자란다면, 그들은 무엇을 배우고, 어떤 사회를 꿈꾸게 될까.

인정과 화해는 개인의 덕목이자 사회의 품격이다. 더 나아가 그것은 성숙한 사회적 아비투스를 형성하는 실천이다. 나를 돌아보고, 다름을 인정하며, 용서를 배운 사람은 누구보다 강해진다. 성숙한 사회는 잘못을 인정하고 용서할 때 비로소 화해도 가능해진다. 공자가 말한 '서'라는 한 글자에 담긴 의미는 그래서 무겁고도 깊다.

삶의 균형 맞추기

삶은 어제와 연결된 오늘을 지나 내일로 이어진다. 우리는 지나간 시간에 아쉬움을 품고, 다가올 미래에 대한 두려움과 설렘 속에서 다시 꿈을 꾼다. 그러나 오늘날은 시대의 변화와 함께 불안과 혼란이 심화되고 있다. 정치와 경제의 불안정, 끝나지 않는 전쟁, 과잉 자극의 소셜 미디어 속에서 우리는 삶의 중심을 어디에 두어야 할지 갈피를 잡지 못한다. 목소리 큰 이들이 세상을 주도하고, 정작 목소리를 내야 하는 이들은 침묵하거나 보고도 못 본 체하며 방관으로 돌아서고 있다. 그럼에도 불구하고 우리는 내일로 나아가야 한다.

삶의 균형은 누구에게나 다른 모습으로 나타나지만,

결국 모두가 평온하고 안정된 삶을 원한다. 2024년 하나은행 '웰스리포트'에 따르면 50~60억대 자산가보다 40억대 자산가의 만족도가 더 높았다. 경제적 수치보다 중요한 것은 '얼마나'가 아니라 '어떻게' 사느냐는 점이다. 균형 있는 삶은 선택의 문제이며, 욕망을 절제하고 중용을 지향하는 태도에서 비롯된다. 그것이 곧 성숙한 아비투스의 출발점이다.

집착은 행복을 밀어낸다

결핍은 고통으로 다가오지만 과욕은 포만감 끝에 불쾌감을 낳는다. 그러나 과욕도 결핍도 결코 영원하지는 않다. 흔히들 50세 지천명을 넘기면 하늘의 뜻을 안다고 하지만, 나이를 먹는다고 해서 마음이 자연스레 고요해지는 것은 아니다. 흔들리는 감정, 불안한 삶의 균형은 나이와는 상관없이 여전히 우리를 시험대에 올린다.

앞선 5060세대는 고도의 성장기를 경험한 세대다. 그 가운데 일부는 청춘의 시절을 성실히 살아온 덕에, 오늘날 여유롭고 넉넉하게 살고 있다. 반면, 어떤 이는 과거의 게으름과 불성실을 자책하며 여전히 고단한 하루를 보낸다. 이처럼 삶의 균형은 결국 과거의 선택이 만든 오늘의 결과다.

불교에서는 인간의 삶을 어지럽히는 세 가지 독, 곧 탐욕, 분노, 어리석음을 경계한다. 이를 벗어나기 위해 계율, 집중, 지혜의 삼학을 통해 수행하라고 한다. 우리는 삼독을 완전히 제거할 수 없지만, 이를 다스리려는 노력을 통해 내면의 평온과 균형을 이루고자 노력할 수 있다.

집착은 불안과 화, 과도한 욕망을 낳고, 결국은 우리를 행복에서 멀어지게 만든다. 실제로 지금의 사회는 과거보다 훨씬 풍요롭지만, 동시에 더 많은 불안과 소외를 낳고 있다. 달도 차면 기운다 했듯이, 지금의 고통 역시 지나갈 것이며, 오히려 이 시절은 성장을 위한 깊은 자양분이 될 수 있다. 이 고통은 새로운 아비투스를 길러내는 밑거름이 될 수도 있으리라.

삶의 균형을 유지하는 것은 기본적으로 개인의 몫이지만, 국가와 사회 전체의 가치 균형 또한 함께 논의되어야 한다. 과거의 빠른 성장이 남긴 후유증은 국가 곳곳에 퍼져 있다. 이제는 묵은 허물을 치워내야 할 시점이다. 새로운 아비투스는 절제와 균형, 그리고 개인의 성찰에서 길러져야 한다.

높고 많은 성장에서 넓고 깊은 성숙으로

힘든 시기임에도 우리는 여전히 살 만한 세상에 살고 있다. 절대 빈곤은 사라지지 않았지만, 정직하고 성실하게 살아간다면 기회는 누구에게나 주어진다. 지금 겪는 혼란의 시기 또한 지나갈 것이다. 고통은 발전의 마중물이 되고, 혼돈은 새로운 성장을 준비하는 신호일 수 있다. 문제는 그것을 어떻게 받아들이고 활용하느냐의 문제이다.

높고 많은 성장은 우리의 외형적 성취를 보여준다. 그러나 그것이 성숙을 보장하지는 않는다. 성장은 결과로 드러나지만, 성숙은 과정 속에서 조용히 쌓인다. 우리는 이제 '무엇을 얼마나 이루었는가'보다 '그것을 어떻게 이

뭐왔는가'를 돌아보아야 한다. 깊이 있는 성숙은 이해와 배려, 공감, 절제와 인내에서 비롯된다.

튀르키예 속담에 "인내는 천국의 열쇠"라는 말이 있다. 성급한 판단은 대개 후회를 부르며, 성장은 느림과 기다림 속에서야 비로소 완성된다. 결국 행복과 불행은 외적 조건이 아니라 삶을 대하는 태도에 달려 있다. 포기하고 싶은 순간에도 우리는 스스로에게 다음과 같이 물어야 한다. "나는 지금 성숙해지고 있는가?"

성숙은 타인을 위한 포장이 아니라 자신을 위한 조용한 싸움이다. 고통을 외면하지 않고 기쁨을 과장하지 않으며 흔들리더라도 무너지지 않는 단단함—그것이 성숙한 아비투스의 힘이다. 진정한 성숙은 자신 안의 혼란과 마주하고 그것을 견디는 데서 시작된다.

자족할 수 있고, 홀로 처리할 수 있는 능력이 있으면 가치 있게 살 수 있다. 세상은 항상 논리적인 곳이 아니다. 자신의 변화는 힘들어도 가능할 수 있지만, 상대를 변화시키는 것은 불가능하며 무의미하다. 내면의 균형을 이루기 위해 필요한 것은 거대한 재산도, 대단한 학력도 아니다. 삶을 바라보는 태도, 고통을 감내하는 방식, 타인을 이해하고 품으려는 마음이야말로 우리가 진정 소유해야 할 성숙의 자산이다. 그 자산들이 모여 나의 아비투스를 만들고, 그것은 곧 나라는 사람의 품격이 된다.

이제 우리는 높고 많은 성장을 넘어 넓고 깊은 성숙으로 나아가야 한다. 높은 곳에서 바라보는 경치보다, 깊은 곳에서 나를 마주하는 시간이 더 중요하다. 더 많이 이루는 것이 아니라, 더 깊이 살아가는 것. 그것이야말로 삶의 균형을 이루는 길이며, 성숙한 사회와 성장을 향한 여정의 출발점이다.

Epilogue

책을 마치고

길 밖의 소란스러움은 어제 오늘이 아니지만, 끊임없는 아우성이 자연스레 대선으로 이어졌고, 마침내 새로운 대통령을 등장시켰다. 시국은 조금 숨 돌릴 듯하나 관세로 세계경제를 '들었다 놓았다' 하는 트럼프의 횡포는 가히 국민들의 짐작을 넘어서고 있고, 뜨거운 열기와 씨름하며 이 여름을 나고 있다.

심리학자 카를 구스타프 융 Carl Gustav Jung 는 "마흔이 되면 마음에 지진이 일어난다"며 중년의 위기는 '진정한 자기를 찾으라는 초대장'이라는 말을 남겼다. 조용할 날 없는 우리의 삶 속에서, 간혹은 나의 길조차 잃어버려 우왕좌

왕하며 보낸 시간 속에서, 그나마 이만큼은 앞으로 온 듯한 안도의 숨을 쉬며 마음을 가다듬는다.

이제 우리의 삶 속에서 기쁨, 번영, 행복, 힐링 등의 거창한 군림의 단어는 배웅하고 안전, 반성, 평온, 안정, 등의 소소한 마음과 영혼의 근본적인 돌봄의 단어를 살려내야 한다.

우리 삶에는 빛과 그림자가 있다. 심리학자 폴 블룸 Paul Bloom 은 "우리가 열망하는 행복한 삶은 신기루였다. 진화의 본질은 고통을 통한 개선"이라 했다. 내가 못났거나, 불운해서가 아니라, 인생이라는 여정에서 고난은 수반될 수밖에 없음을 깨닫자. 우리의 삶이란 더 진실하고 의미있는 시간을 추구하기 위한 과정임을 인정하자.

다니엘 핑크는 자신의 저서 『후회의 재발견』에서 제자리에서 돌고 도는 반추를 괴로워하지 말고, 내일을 위해 '후회의 최적화'를 하라고 충고한다. 가장 보편적인 후회는 하지 않은 일에 대한 후회란다. 살아가는 이상 어쩔 수 없이 성장은 계속되어야 한다. 이제는 미루고 하지 않

았던, 꼭 해야만 하는 일들을 해보자

　양명학[陽明學]의 『전습록[傳習錄]』 2권에서는 지행합일[知行合一], 즉 "참된 지식은 반드시 실천으로 이어져야 한다"며 지식[知]과 행동[行]이 합쳐질 때 비로소 참된 성취가 이루어진다 하였다.

　이 책을 집필하기로 마음먹은 뒤부터 필자는 나 역시 우매하고 부족했다는 자책을 느낄 수밖에 없었다. '진작 알았다면……, 진작 했더라면….'하며 후회 섞인 자조를 내지만, 흘러간 세월은 어찌 되돌릴 수 없기에 부끄러운 마음뿐이다.

　살아가면서 그저 내 아는 대로 행하고, 내 일로 다른 사람 피해 주지 않고 살고 있다는 생각이 나의 교만이고, 나의 모자람이었다는 자책이 시간이 갈수록 깊어진다.

　때 묻은 흔적의 크고 작은 일들이 모든 사람의 도움이고, "모든 것이 덕분이었다"라고 감사한 마음이다.

　삶의 흐름을 좋은 방향으로 이끌기 위해 노력하는 사람이고 싶다. 행복은 언제나 우리 안에 존재한다. 마음만 먹으면 선택할 수 있다. 어차피 뜻대로 되지 않는 일은 한탄

하지 말고, 부족하다고 불평하지 말고, 내 결정으로 선택할 수 있는 행복하다는 쪽으로 줄 서고 싶다.

오늘보다 남은 내일의 성장을 위해 '평온을 위한 기도' 한 구절을 남긴다.

평온을 위한 기도(The Serenity Prayer)
-라인홀드 니버 Reinhold Niebuhr-

하느님, 저에게 평온함을 주옵소서…….
제가 바꿀 수 있는 것은 바꿀 수 있는 용기를 주시고,
바꿀 수 없는 것에 대해서는 받아들일 수 있는 인내를 주시고 그
둘을 분별할 수 있는 지혜를 허락해 주시옵소서.
God grant me the serenity
to accept the things I cannot changer ;
courage to change the things l can ;
and wisdom to know the difference.

- 평온을 위한 기도 - 중에서

출판을 도와주신 진성포럼의 박상진 이사장님, 박근령 실장님, 김민준 편집장님에게 고마움을 전하며........
 학문과 학습의 길에서 흔들리는 나를 잡아주신 모든 분들에게 감사드립니다.

이 책을 쓰며 만난 책들

* 맥스웰 몰츠 지음, 공병호 옮김,『성공의 법칙』, 비즈니스북스, 2003
* 다니엘 핑크 지음, 김명철 옮김,『후회의 재발견』, 한국경제 신문, 2022
* 조셉 머피 지음, 조율 리 옮김,『성공의 연금술』, 다산북스, 2022
* 피에르 부르디외 지음, 최종철 옮김『구별짓기』, 새물결출판사, 2006
* 유시민 지음,『어떻게 살것인가』, 생각의길, 2017
* 도리스 메르틴 지음, 배명자 옮김,『아비투스(Habits)』, 다산초당, 2020
* 유발 하라리 재레드 다이아몬드 외 지음, 정현옥 옮김,『초예측』, 웅진지식하우스, 2019
* 김동일 지음『피에르 부르디외』컴북스이론총서 2016
* 틱낫한 시음, 진우기 읆김,『회헤』, 불광출판서, 2011
* 최재붕 지음,『포노 사피엔스』, 쌤엔파커스, 2021
* 제임스 클리어 지음,『아주 작은 습관의 힘(Atomic Habit)』, 비즈니스북스, 2022
* 모건 하우절 지음,『불변의 법칙(Same Never Changes)』, 서삼독, 2024
* 스티븐 코비 지음, 김경섭 옮김,『성공하는 사람들의 7가지 습관』, 김영사, 2010,

* 프리드리히 니체 지음,『혼자일 수 없다면 나아갈 수 없다』, 포레스트북스, 2024

* 서대원 지음,『주역강의』을유문화사, 2011.

* 로랑스 드빌레르『모든 삶은 흐른다』, 피카, 2023

* 이정일 지음『오래된 비밀』이다미디어, 2020

* 사이토 다카시 지음, 장은주 옮김『혼자 있는 시간의 힘』, 위즈덤하우스, 2015

* 최재천 지음『통섭의 식탁』, 움직이는 서재, 2022

* 정재승 지음『열두 발자국』, 도서출판 어크로스, 2018

* 김승호 지음『알면서도 알지 못하는 것들』, 스노우폭스북스, 2020

* 알프레드 아들러 지음, 유진상 옮김『다시 일어서는 용기』, 스타북스, 2021

* 다니엘 핑크 지음, 김명철 옮김『새로운 미래가 온다』,한국경제신문, 2008

* 김승호 지음 ,『돈의 속성』, 스노우폭스북스, 2020

멈춘 나를 되살리는 6단계 회복 프로세스
매너리즘 탈출법

초판 1쇄 발행 2025년 11월 19일

지은이 조정명
발행인 박상진
편 집 김민준
기 획 박근령
관 리 황지원
디자인 정지현
보 조 김은성, 강수빈

펴낸곳 진성북스
등 록 2011년 9월 23일
주 소 서울시 강남구 삼성동 143-23, 어반포레스트삼성
전 화 02)3452-7762
팩 스 02)3452-7751
홈페이지 www.jinsungbooks.com
이메일 jinsungbooks@naver.com

ISBN 978-89-97743-70-4   03190

※ 진성북스는 여러분들의 원고 투고를 환영합니다. 책으로 엮기를 원하는 좋은 아이디어가 있으신 분은 이메일로 간단한 개요와 취지 등을 이메일로 보내주십시오. 당사의 출판 컨셉에 적합한 원고는 적극적으로 책으로 만들어 드리겠습니다.

※ 본서의 내용을 무단 복제 하는 것은 저작권법에 의해 금지되어 있습니다.
파본이나 잘못된 책은 교환하여 드립니다.

Copyright © 2025 진성북스. All rights reserved.
이 책은 저작권법에 의해 보호를 받는 저작물이므로 무단 전재와 무단 복제를 금지하며,
출처 표기 없는 무단 전재·복제·배포 및 2차적 저작물 작성, 강의자료/온라인 공유를 금합니다.
이 책 내용의 전부 또는 일부를 이용하려면 반드시 저작권자와 진성북스 서면 동의를 받아야 합니다.